東京国立博物館所蔵 重要考古資料学術調査報告書

国　　　宝　　埴輪　挂甲武人
重要文化財　　埴輪　盛装女子
　　　附　　　埴輪　盛装男子

埴輪 挂甲武人 〔旧修理〕　　　　　　口絵 1

全景（正面）［1981年］

口絵 2

全景（正面）[2009年]

口絵 3

全景（右斜正面）

全景（左斜正面）

全景（右側面）

全景（背面）

全景（左側面）

口絵 4

頭部（正面）

頭部（背面）

頭部（正面・斜下方向）

頭部（左側面）

頭部（右側面）

胴部（背面）

胴部（右側面）

胴部（正面）

胴部（左側面）

口絵 5

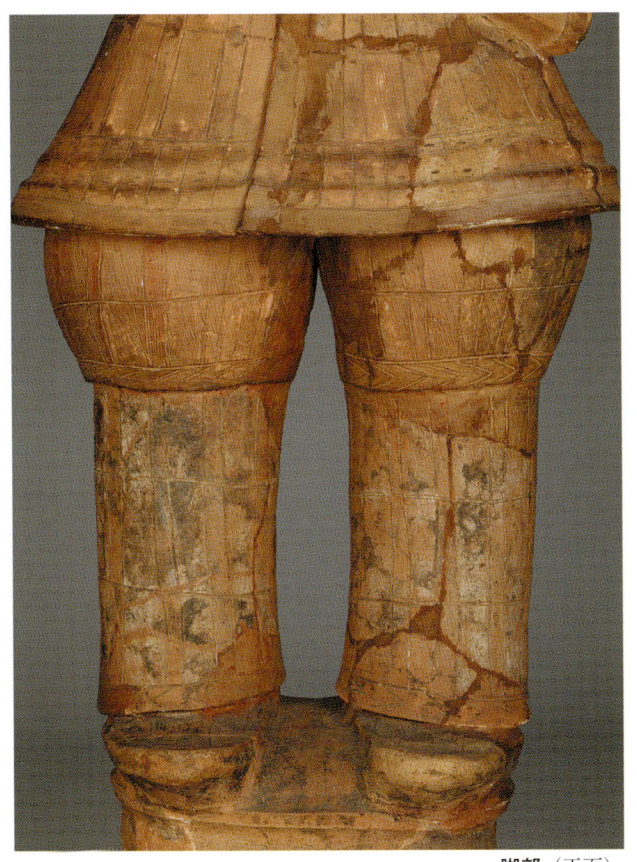
脚部（正面）

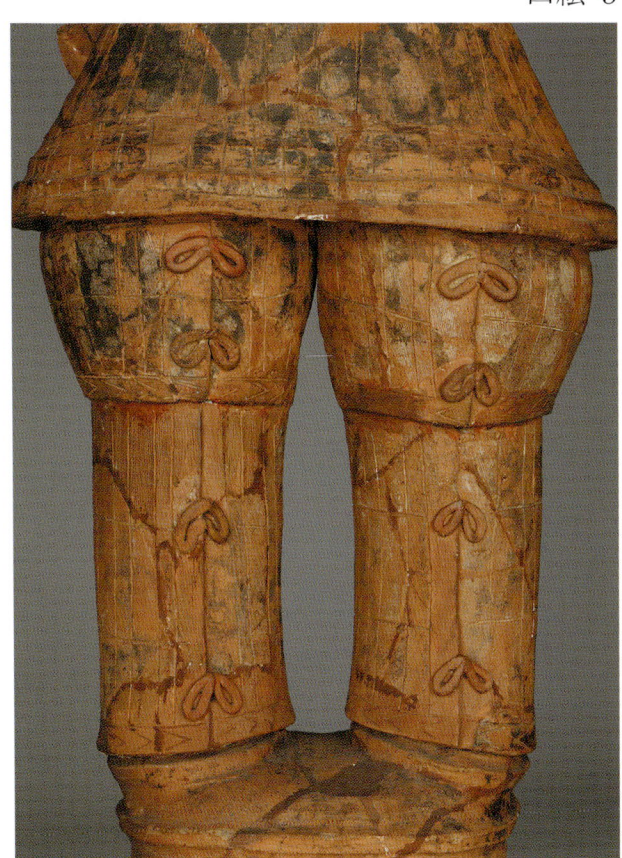
脚部（背面）

脚部（右側面）

脚部（左側面）

口絵 6

上半身部（左：左斜正面、右：右斜正面）〔1978年〕

上半身部（右斜正面）〔2001年〕

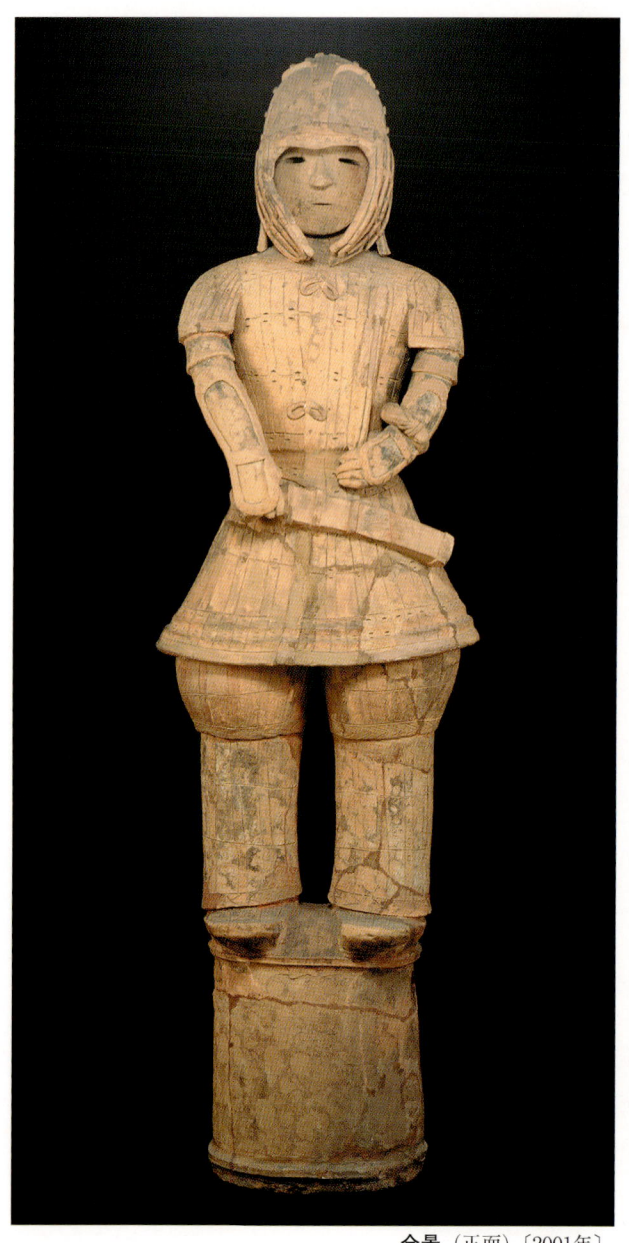
全景（正面）〔2001年〕

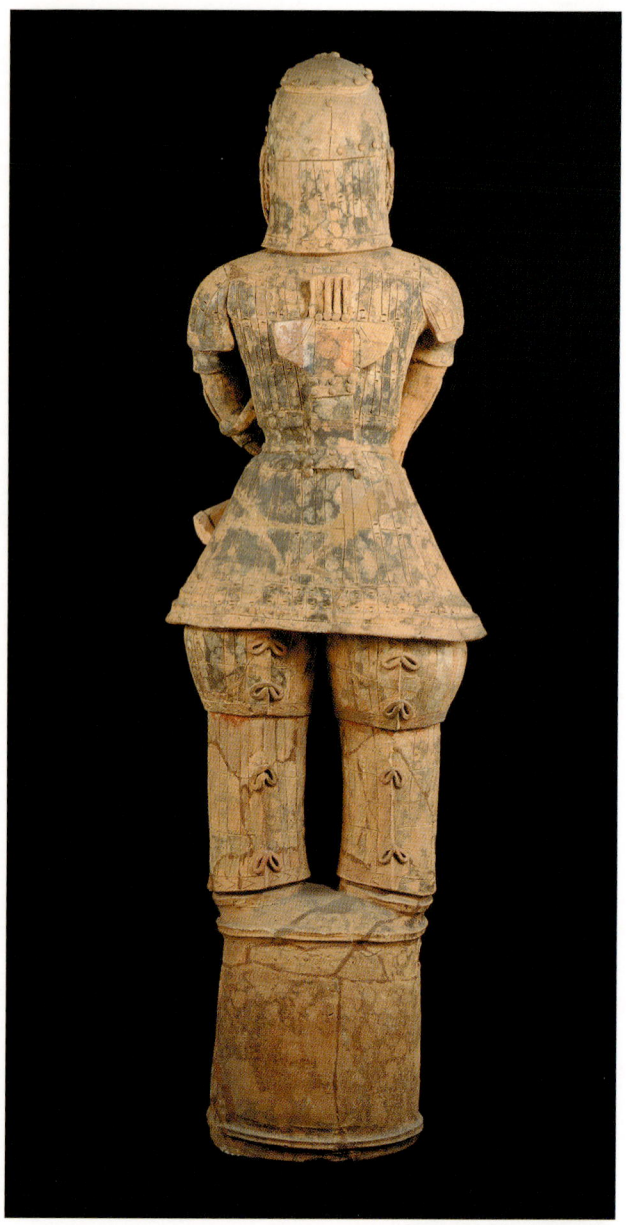
全景（背面）〔2001年〕

埴輪 盛装女子〔修理後〕　　　　口絵 7

全景（正面）[2013年]

口絵 8　　埴輪　盛装女子〔修理前〕

全景（正面）［1981年］

埴輪 盛装女子〔修理後〕 口絵 9

全景（右斜正面）

全景（左斜正面）

全景（右側面）

全景（背面）

全景（左側面）

口絵 10

頭・胸部（右側面）

頭・胸部（正面）

頭・胸部（左側面）

胴部（正面）

脚・器台部（正面）

埴輪 盛装女子〔修理中〕　　口絵 11

頭部（上面）前髷部分剥離状況

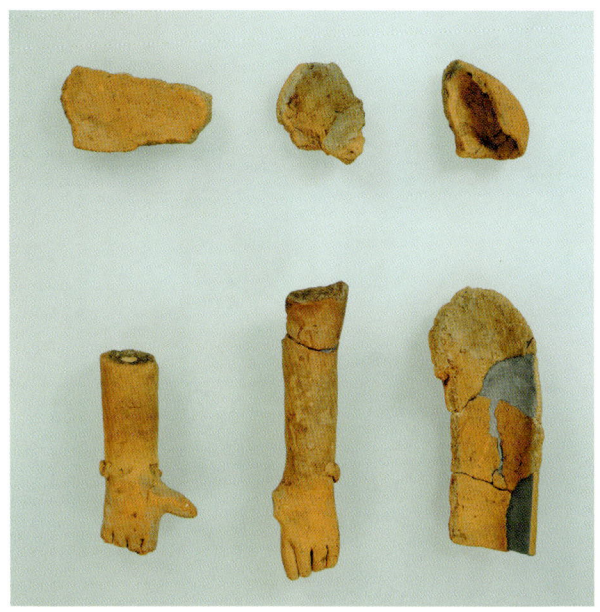

上半身破片（表面）［上段：髷・裳部分、下段：両手・腕軸部分、左腕筒袖部分］

頭部（正面）前髷部分剥離状況

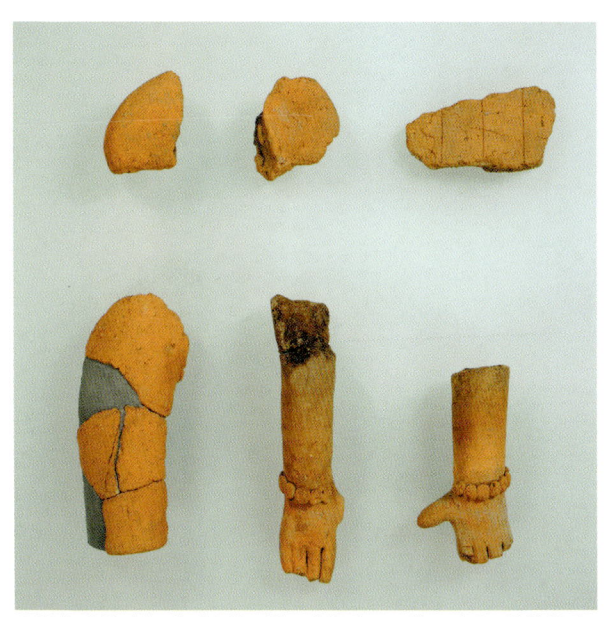

上半身破片（裏面）［上段：髷・裳部分、下段：両手・腕軸部分、左腕筒袖部分］

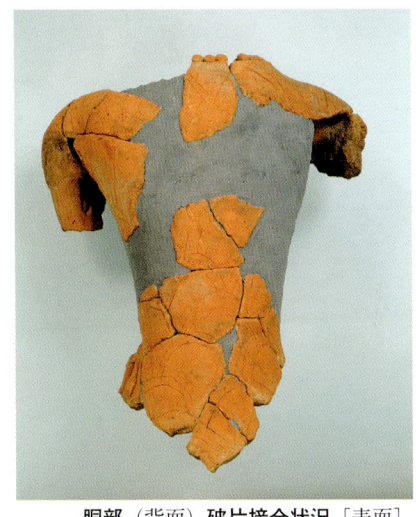

胴部（背面）破片接合状況［表面］

胴部（背面）破片接合状況［裏面］

口絵 12

胴部（正面）破片接合状況［表面］

胴部（正面）破片接合状況［裏面］

脚部（左側面：上衣裾・裳部分）破片接合状況［表面］

脚部（左側面：上衣裾・裳部分）破片接合状況［裏面］

器台部（下面）

脚部（右側面：上衣裾・裳部分）破片接合状況［表面］

脚部（右側面：上衣裾・裳部分）破片接合状況［裏面］

器台部（左斜正面）破片接合状況［表面］

器台部（左斜正面）破片接合状況［裏面］

器台部（右側面）破片接合状況［表面］

器台部（右側面）破片接合状況［裏面］

埴輪 盛装男子〔修理後〕　　　　口絵 13

全景（正面）〔2013年〕

口絵 14　　　　　　　埴輪 盛装男子〔修理前〕

全景（正面）〔1979年〕

埴輪 盛装男子〔修理後〕　　　　　　　　　口絵 15

全景（右斜正面）

全景（左斜正面）

全景（右側面）

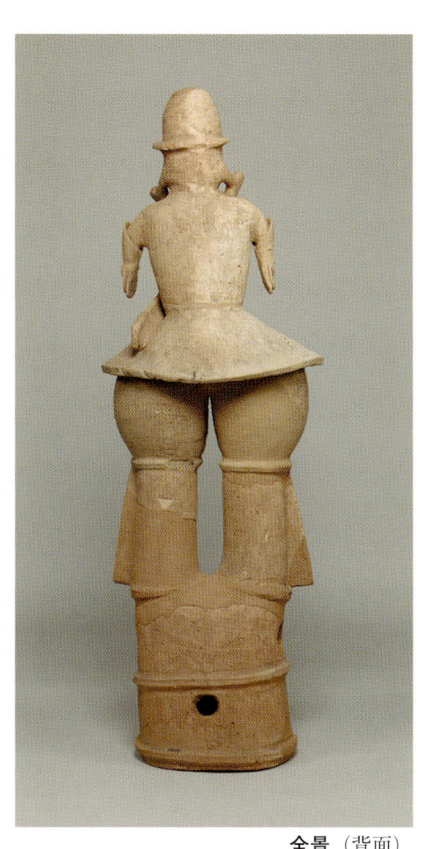
全景（背面）

全景（左側面）

口絵 16

頭・胸部（右側面）

頭・胸部（正面）

頭・胸部（左側面）

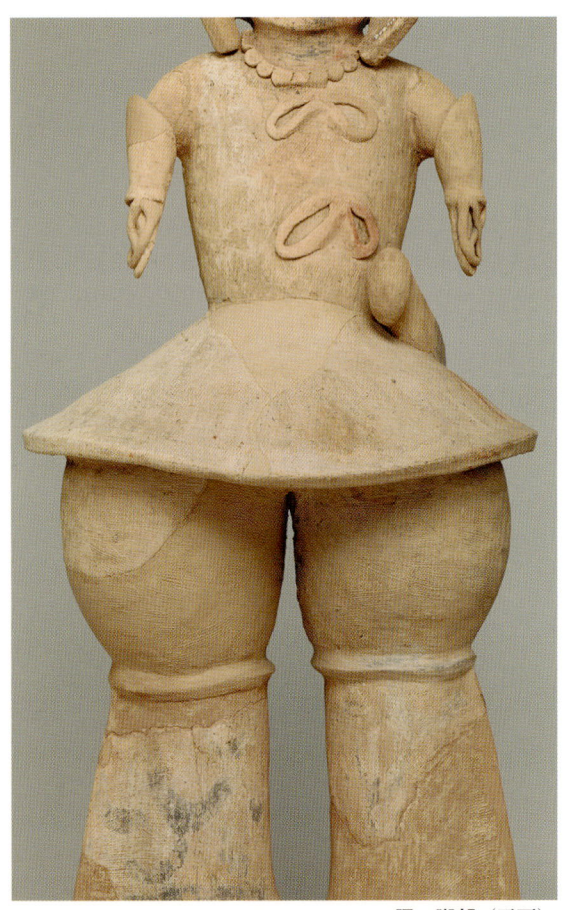
胴・脚部（正面）

脚・器台部（正面）

序　文

　博物館資料としての考古遺物は、発掘当時の考古学的な認識にしたがい、発掘直後の破片の状態から、接合と補塡による簡易的な修理によって製作当初の形態に組み立てている場合が多いが、修理の詳細は記録として残っていないことが通常である。簡易的な修理による遺物の補塡は石膏を用いることがほとんどであり、それらは経年変化によって破片どうしの接合力の脆弱化が起因して、遺物全体に形状のゆがみが生じたり、あるいは石膏表面に汚れの付着や変色などが生じたりしている状況がしばしば見られる。

　東京国立博物館にはこのような性格の考古遺物が大量に保管されており、本報告書の主題である人物埴輪に関しても例外ではない。こうした埴輪に対して、考古学的な研究を新たに進めようとするとき、オリジナルの破片相互の接合あるいは位置関係は、過去に実施された修理とその後の修理箇所の劣化によって損なわれてしまっていることが多く、そのことを確実に認識することが研究の前提となる。近年のめざましい計測技術の進展によって、3次元計測法などを用いた立体物の形状把握が、従来の手作業に比較してより早く正確になされるようになった。さらに、それらの結果に透過X線撮影によって得られた内部構造に関する情報を加味することで、埴輪全体の形状や構造に対する理解を深めることができるようになった。

　東京国立博物館では、接合箇所の脆弱化あるいは形状の歪みが進んだ埴輪に対して、再修理を継続的に実施している。修理を実施する前には、事前調査として、上述した箇所の正確な位置やそれらの劣化状態を記録する。また、修理を実施している途中では解体されたオリジナルの破片のすべてについて裏面の形状、破断面の状態などを記録する。こうした状態調査に基づきながら、新たな組み立てと補塡箇所の形状について具体的な仕様を作成した上で、修理技術者にその内容を伝え、接合あるいは補塡処置を実施する。このようなプロセスを経て修理を実施することにより、オリジナルの破片に関する大量の情報を残し、埴輪の形状のみならず製作技術に関しても新しい知見を得ることが可能な環境が整いつつある。本報告書には間に合わなかったが、本年度から本格的な運用に入った大型X線CTスキャナーの導入によって、調査の内容は今後さらに充実し、したがって修理の質的向上も進むものと考える。

　本報告書が対象にする3件の埴輪は、いずれも上述した内容にしたがって修理を実施、あるいは修理の準備を進めている作品である。その過程で得られた最新の学術的な基礎情報を提示するために本報告書を編纂した。埴輪 盛装男子（J-20658）および重要文化財 埴輪 盛装女子（J-20915）はそれぞれ2001（平成13）年から2002年、2003年から2004年にかけて修理を行なっている。また、国宝 埴輪 挂甲武人（J-36697）は修理実施のための事前準備として2009（平成21）年から調査を実施しているところであり、本格的な解体修理はこれからである。修理に直接的に関係する調査結果は、保存カルテとして東京国立博物館に保管されているが、これらに考古担当者独自の調査と考察を加え、より総合的な角度から埴輪の形態と状態を報告しようとするのが本報告書の目的である。

　本報告書を通じ、当館が保有するこれらの埴輪についての基本情報が考古学研究を進めるための学術情報として、役割を果たすことを願っている。

2015年3月

学芸研究部保存修復課長　神庭信幸

目　次

序　文　1

第1章　修理と調査・記録の経過 ……………………………………………… 7

 Ⅰ　埴輪　盛装男子　8

 Ⅱ　埴輪　盛装女子　12

 Ⅲ　埴輪　挂甲武人　15

第2章　調査成果 …………………………………………………………………… 17

 Ⅰ　埴輪　挂甲武人　18

  1．各部の特徴　18

  2．遺存状況　27

 Ⅱ　埴輪　盛装女子　30

  1．各部の特徴　30

  2．遺存状況　32

 Ⅲ　埴輪　盛装男子　39

  1．各部の特徴　39

  2．遺存状況　41

第3章　考古学的検討 …………………………………………………………… 49

 Ⅰ　人物埴輪の大刀表現に関する基礎的検討　50

 Ⅱ　人物埴輪にみられる刷毛目調整技法について　66

 Ⅲ　遺存および損傷状況に関する検討　72

第4章　総　括 ……………………………………………………………………… 75

  1．人物埴輪の調査と課題　75

  2．デジタルトレースと線種　77

付　編　理化学的調査と計測 …………………………………………………… 79

 ①埴輪　挂甲武人の保存状態に関するX線調査　80

 ②埴輪　挂甲武人の三次元計測と図化を目的とした画像処理　82

 ③埴輪　盛装男子オルソイメージャーによる画像撮影　87

写真図版　93

例　言

1. 東京国立博物館（以下、当館）では、当館収蔵の考古遺物のうち、保存状態に問題があって活用が難しい列品については、順次修理を行なっている。その中でとくに重要なものについては、外部研究者の協力も得て詳細な調査・研究を実施してきた。その成果は、これまで『東京国立博物館 重要考古資料学術調査報告書』として刊行し、平成13年度には『瓦塔・鴟尾』（2002年）、平成16年度には『重要文化財　西都原古墳群出土 埴輪 子持家・船』（2005年）、平成19年度には『重要文化財　東大寺山古墳出土　金象嵌銘花形飾環頭大刀』（2008年）を刊行した。また、同様な経緯で平成4年度にも『国宝　江田船山古墳出土　銀象嵌銘大刀』（1993年）を刊行している。

2. 1998（平成10）年に東京国立博物館に学芸部保存修復管理官（現学芸研究部保存修復課）が置かれ、学芸部各分野（各課）において修理を要する重要列品の調査・検討が行なわれた。本書は、これを受けて修理の計画が立てられた当館所蔵の人物埴輪のうち、平成13～16年度に解体修理を実施した「重要文化財　埴輪 盛装女子（J-20915）」「埴輪 盛装男子（J-20568）」の修理と調査成果、修理準備として平成21～24年度に事前調査を実施した「国宝 埴輪 挂甲武人（J-36667）」の調査報告である。

3. 調査は、主に古谷毅（当館学芸研究部列品管理課主任研究員：元保存修復室主任研究員・保存修復室長・考古工芸室長・列品情報室長［以下、同様に調査当時の所属を表記］）が担当し、一部、犬木努（大阪大谷大学教授：元当館原史室研究員）、安藤広道（慶應義塾大学教授：元当館原史室研究員）が携わった。

　　また、実測図の作成は、深澤太郎（國學院大學博物館助教：元原史室研究補佐員）、中尾麻由実（つくば市役所：元筑波大学大学院・保存修復課研究補佐員）、斎藤あや（大田区郷土博物館：元日本大学大学院・保存修復課研究補佐員）と、山田俊輔（千葉大学准教授：元当館考古室研究員・早稲田大学大学院）、大村冬樹（筑波大学大学院：元葛飾区教育委員会）、大澤正吾（奈良文化財研究所研究員：元東京大学大学院）があたり、図面・写真・X線データ等の整理は、太田雅晃（玉川文化財研究所調査員：元明治大学大学院・保存修復課研究補佐員）が補佐した。

4. X線透過撮影調査は、神庭信幸（当館保存修復課長）、和田浩（当館保存修復課環境保存室長）が担当した。写真撮影は、塩野直茂（元当館学芸部企画課写真室長）、村松徹（元当館文化財部展示課映像作製室長）、藤瀬雄輔（当館学芸研究部列品管理課：元文化財展示課映像作製室）が担当し、一部を古谷が行なった。写真の焼付・現像は藤瀬が担当した。

5. 本書の編集は古谷が行ない、実測図のトレース・版組は深澤・大澤・大村が行なった。また、執筆分担は次のとおりである。

　　序文 神庭、第1章・第2章Ⅰ-1・Ⅱ-1・Ⅲ-1および第4章1 古谷、第4章2 深澤、

　　第2章Ⅰ-2 大澤、第2章Ⅱ-2 深澤、第2章Ⅲ-2 大村、

　　第3章Ⅰ 大澤、第3章Ⅱ 犬木、第3章Ⅲ 大澤・大村・深澤

　なお、付編として、X線透過撮影調査とデジタル計測・撮影（三次元・テレセントリック光学系）およびデータ解析・画像化に関する報告を寄稿いただいた。

　玉稿を賜った中山香一郎氏（凸版印刷株式会社 文化事業推進本部デジタルアーカイブ部）、武田芳雄・守谷建吾氏（国際文化財株式会社関東調査室）・岩倉正樹氏（株式会社開研）、和田浩氏の各氏には篤く御礼申し上げる。

6．本書の作成にあたっては、以下の方々の協力を得た。

　　秋元陽光、太田雅晃、金関恕、君島利行、斎藤あや、斉藤一彦、土井孝、中尾麻由実、原田昌幸、繭山隆司、國學院大學博物館

7．本書の企画・調整は、勝木言一郎（当館学芸企画部企画課出版企画室長）が担当し、松尾美貴（同出版企画室員）が補佐した。

凡　　例

1．法量は cm で表記する。また、数量の幅は「〜」で表示する。
2．実測図の縮尺は1/5、部分を2/3で統一した。なお、その他の挿図縮尺は任意で、それぞれスケールを表示した。
3．写真図版は、頁（プレート）ごとに「見出し」を付し、通し番号を、カラー図版は「口絵」、モノクロ図版は「PL」で表示した。「見出し」は、名称の後に、（　）内に修理状況（修理前［旧修理］・修理中・修理後）を記した。

　　キャプションは、埴輪の各部位・箇所を表示した後に、（　）に表・裏面など、〔　〕内に撮影方向ないし細部名称を記した。
4．本文と写真図版の対応は、文章中の［　］内に、プレートNo.を表示した。
5．埴輪の名称は広く知られた名称を用い、指定名称とは異なることがある。
6．埴輪の各部名称については、基本的に人体の部分名称に従った。また、各部の呼称は人体の各部位の呼称に準じた。

　　さらに、埴輪に表現された衣服・装束・器物名称を細目名称として使用し、それぞれの各部位については各器物等の細部名称に従った。
7．付編に関しては以上の限りではなく、最小限の統一に留めた。

第1章
修理と調査・記録の経過

I　埴輪 盛装男子

1．修理に至る経緯――寄贈と修理計画――

（1）出土記録と発掘調査

栃木県下都賀郡壬生町大字安塚に所在するナナシ塚古墳出土の埴輪 盛装男子である。

東京国立博物館の受入次第の記録では、1929（昭和4）年2月20日に旧下都賀郡南犬飼村大字安塚字五味梨・字樋竹で開墾により発掘された後、1930（昭和5）年6月28日に高山政之助氏によって当館に寄贈された。[(1)]

当館保管の『埋蔵物録 昭和五年（一）』には、

栃木縣ヨリ下都賀郡南犬飼村大字安塚字五味梨地内字樋竹山林内発掘埴輪寄贈之件

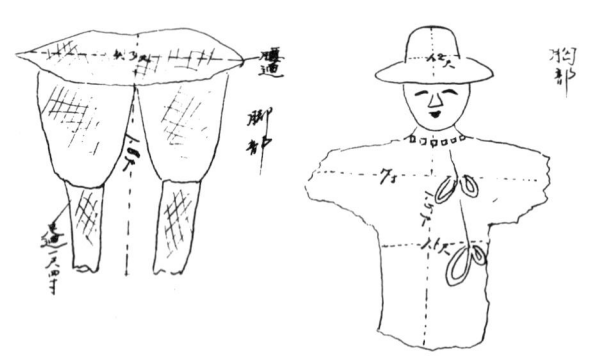

第1図　『埋蔵物録 昭和五年（一）』所載絵図

として、

二〇六五八　男子埴輪土偶残缺　帽ヲ被リ、頸玉ヲヲツケ、衣ノ紐ハ二個、現存高四二糎、脚部残缺添　一個／栃木縣犬飼村下都賀郡南犬飼村大字安塚発掘／高山政之助寄贈

と修理前の状況が記載されている［第1図］。[(2)]

その後、第2次世界大戦中に、古墳の周辺は南側一帯が飛行場として造成された。また戦後、土取り作業によって墳丘の大半が失われ、現状では想定された位置には個人住宅の築山として墳丘の一部が残存するにすぎない状態であった（秋元 1992、秋元ほか 1999）。そのため、出土古墳の位置が曖昧になった時期もあったが、壬生町歴史民俗資料館の調査によって、当時の新聞記事などの資料から同大字安塚字五味梨地内の円墳・ナナシ塚古出土品と結論づけられた（壬生町歴史民俗資料館 1992）。[(3)]

このような経緯で、ナナシ塚古墳は直径約27m・高さ約3.7m の円墳とされてきた。しかし、1998・1999（平成10・11）年に行なわれた壬生町教育委員会による発掘調査の結果、幅約6 m の周濠が確認され、全長約45m の前方後円墳であることが確定された。また、トレンチ調査の結果と『埋蔵物録』所載の見取図から、本人物埴輪は今回の発掘調査でも多くの埴輪片が検出された東側くびれ部に当たる位置で出土したと想定された（壬生町歴史民俗資料館 2003、壬生町教育委員会 2009）［第2図］。

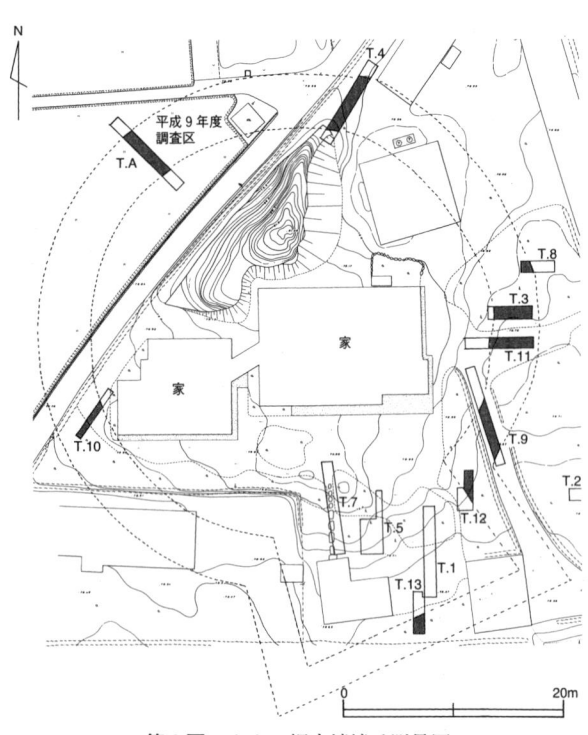

第2図　ナナシ塚古墳墳丘測量図

- 8 -

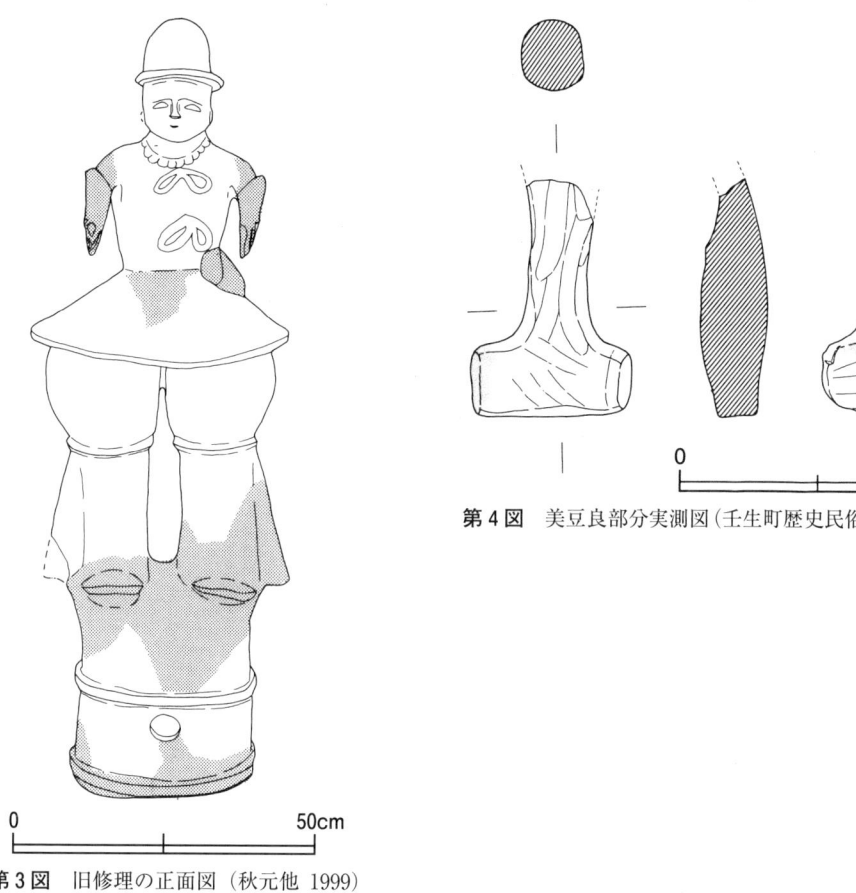

第3図　旧修理の正面図（秋元他 1999）

第4図　美豆良部分実測図（壬生町歴史民俗資料館 2003）

（2）旧修理と寄贈・解体修理

　本人物埴輪（J-20658）は、1960（昭和35）年に全身像として復原修理が行なわれた（以下、旧修理）[(4)]。同じ出土地の人物埴輪残欠（J-20657）とともに、遺存状態のよい全身像の人物埴輪として知られ、しばしば紹介されてきた（壬生町教育委員会 1972、壬生町 1988、壬生町歴史民俗資料館 1992、秋元ほか 1999）［第3図］。

　1998（平成10）年、栃木県壬生町立歴史民俗資料館から当館に対して、本埴輪が出土したとされる地番の個人住宅において、人物埴輪の破片と考えられる埴輪片が採集されている旨の連絡があった。同年2月に行なわれた同地番の古墳想定地隣接地に設定された発掘区（第1トレンチ）の調査時に情報がもたらされたもので、地権者（土地所有者）によって過去に採集・保管されてきた埴輪片の一部ということであった。とくに、人物埴輪片のうち複数の美豆良部分の破片は、同部分を欠失していた本埴輪または人物埴輪残欠（J-20657）の一部である可能性があり、同資料館との協議で本埴輪との接合等調査が計画された。

　1998（平成10）年6月、壬生町立歴史民俗資料館（君島俊行氏）と共同で、両埴輪と個人蔵の人物埴輪片（美豆良部分残欠）の調査を実施した。その結果、うち1個が本埴輪と同一の個体で、顔面左側の剥離部分に接合することが確認された。そして、同資料館を通じてその結果が所有者に伝えられたところ、所有者・斎藤一彦氏から同人物埴輪破片の当館への寄贈のお申出をいただいた。そこで諸手続を進めた後、1999（平成11）年6月23日付鑑査会議で当館への寄贈が承認された［第4図］[(5)]。

　これを受けて、当館では寄贈資料「人物埴輪 美豆良（J-39049）」（以下、美豆良部分）の活用を図るために、解体・修理計画を策定し、修理計画は2001（平成13）年5月23日付の鑑査会議で承認された。修理事業は、次に述べるような修理仕様に鑑み、2001・2002（平成13・14）年度の2カ年計画で実施された。修理施工者は繭山隆司氏で、修理経費は1,990,000円である。

2．修理の経過——解体修理と調査・記録——

（1）修理前の状況

　破損等の状況は、旧修理による破片接合の上、欠損部を石膏で補填して完形に復原しているが、接合部・補填部の褪色や劣化が進み、崩壊の危険性が高い状態であった［口絵14、PL21～24・25上段左］。また、寄贈の美豆良部分は剝離部の他は欠損がほとんどなく、保存状態は良好であった［PL25上段右］。

（2）修理仕様

摘記すると、次の通りである。このうち、2001（平成13）年度には①～③を実施した。
　　①旧修理で組み立てられている修理対象（J-20658）、および寄贈された美豆良部分について、修理前の状態を点検・記録し、写真撮影を行なう。
　　②解体して、各破片に分解する。
　　③各破片に付着している漆・石膏・塗料等を除去し、クリーニングする。
　　④各破片の接着面を膠（水溶性）でコーティングを施した後、エポキシ樹脂系接着剤で接合する。また、欠失部および接合部を事前調査による復原図に従い、石膏・樹脂等で充填して完形に復原する。
　　⑤寄贈された美豆良部分を接合する。
　　⑥接合部や補填部分の内外面は、各種粘土粉末を周囲の色調より明度を落とした上で、補彩して仕上げる。
　　⑦修理後の記録と写真撮影を行なう。
　なお、使用材料は次のとおりである。ⅰ）樹脂：液状から固体まで粘度の異なる次のエポキシ樹脂。エポメート825・827・828・834（油化シェル製）。ⅱ）液体接着剤：上記ⅰ）をさらに適宜希釈したもの。ⅲ）膠：妻屋膠研究所製。ⅳ）粘土および顔料：備前土・信楽・山土・弁柄（ベンガラ）。

（3）修理と調査・記録の過程

　修理前に事前調査として、既存撮影写真の確認を含め、次のような現状の記録化を行なった。
　　①現状における保存状態の記録としての写真確認。
　　②欠失部を補った復原図の作成。
　　③寄贈資料の実測等作成および写真撮影。
　また、修理過程においては、解体後にすべての破片を点検・調査して記録化を図るために、東京国立博物館に一時返却し、中間調査を実施した。中間調査としては、以下のような調査を行なった。
　　①各破片を相互に接合関係等を点検し、同一個体の確認を行なった。
　　②接合しない胴部と脚部・器台部は、破片によって著しく色調が異なる個体が認められた。そのため、学識経験者による表面内面および胎土等の特徴の観察・検討を実施し、識別精度の確保を図った[6]。その結果、各破片の特徴の同一性から、色調の変化は窯窖焼成時における焼成位置による温度差に起因するものと判断された。
　　④写真撮影等を実施して記録した［PL25下段］。
　　⑤破片内部の観察・記録を行ない、内面の実測図を作成した［第21図］。
　修理後調査として、以下のような調査を実施した。
　　①写真撮影を実施して、修理前との変更箇所等[7]を記録した［口絵13・15・16、PL26～28］。
　　②外面の実測図を作成した［第17～20図］。

以上、本埴輪の修理および調査の結果、旧修理時の破片位置に異同はなく、接合等の位置関係も同一であった。また、寄贈された美豆良部分を追加して接合した。また、修理部分の判別を容易にする目的で、復原部分と破片の境目には細い凹線を設けた。

　また、2013（平成25）年には、國學院大學・研究開発機構の申請よる本埴輪を対象としたオルソイメージャーを用いたデジタル撮影調査が実施された［PL33・34］。その後、同調査で得られた正射投影画像データが申請者によって当館へ提供されたことを受けて、同データを用いた実測図の補正を行なった。

註

（1）　以上は、当館保管記録（東京国立博物館 1980、本村 1991）に拠る。なお、『東京国立博物館図版目録（関東Ⅰ）』（東京国立博物館 1980）における表記は「字五味梨字樋竹」で、『埋蔵物録』では出土年月日は「同年2月20日頃」である。また、1931年に地元で行なわれた調査では次のように報告（下都賀郡教育会 1931）されているが、備考については誤記と思われる。

　　　　南犬飼村第四號ナナシ塚／（形状）圓／（現状）畑／（所在地）南犬飼大字安塚字南五味梨二九八五／（規模／大サ・高サ）九〇尺・一二尺／（所有者）姿村高山政之助／（備考）大正一五年頃開墾ノ際發掘

（2）　他に、埴輪（武装男子残欠1［J-20659］、盛装男子残欠1［J-20657］、女子頭部1［J-20660］、人物腕残片2［J-20662］、馬頭部1［J-20661］、馬残片1［J-20662］、大刀柄頭残片一括［J-20662］、円筒残欠一括［J-20662］）がある（東京国立博物館 1980、本村 1991）。また、地元の調査では「（出土品）埴輪三、人物二、土器多数」と記録されている（下都賀郡教育会 1931）。

（3）　一時、1970年代に「昭和2年壬生町大字上田、浅間塚遺跡より発掘され、現在東京国立博物館に納められている」（壬生町教育委員会1972）と紹介されたが、その後の調査の結果、次の新聞記事A・Bにより出土地が確定した。なお、B所載写真は、埴輪女子頭部（J-21660）・馬頭部（J-21661）と埴輪盛装男子残欠（J-20657）と一致する（東京国立博物館 1980）。

　　A：『下野新聞』［1929（昭和4）年5月5日付］「南犬飼山林から人馬埴輪發掘／研究資料として石橋中學※へ寄贈」には、「鍬につき當る異様なものがあるので發掘して見ると馬と人の埴輪で栃木署経由縣に報告したから近く調査に出張されると（後略）」※現栃木県立石橋高等学校

　　B：『下野新聞』［1929（昭和4）年9月30日付］「人体と馬首の埴輪」には、「下都賀郡南犬飼村大字安塚地内の姿村大字上古山高山政之助氏所有地から發掘した人體並に馬首の埴輪は既報の如く一應研究する必要があるとし栃木署の手を經て帝国博物館※に送った（寫真は人體馬首の埴輪の一部）」※現　東京国立博物館（帝国博物館は1889〜1900年）
　　　　　　　　　　　　　　　　　　（ママ）

（4）　当館台帳には、旧修理について「修理復元後、完形となる／昭和三五年十月二七日松原岳南［正業］氏　賃一万三千円也」との記録がある（［　］内は加筆）。

（5）　「人物埴輪　美豆良（J-39049）：栃木県下都賀郡壬生町安塚2985出土／斎藤家伝来／斎藤一彦氏寄贈」

（6）　栃木県内の埴輪資料と本埴輪について、長年研究を進めてこられた栃木県上三川町教育委員会の秋元陽光氏に依頼した。

（7）　法量の変化は、修理前が高さ128.3cm、修理後が高さ128.0cmである。

（8）　調査申請者：國學院大學・研究開発機構助教・深澤太郎氏、実施委託先：国際文化財株式会社。本書付編③武田他報告参照。

Ⅱ　埴輪　盛装女子

1．修理に至る経緯――指定と修理計画――

（1）出土・旧修理に関する記録

　群馬県伊勢崎市横塚出土の重要文化財　埴輪　盛装女子である。

　東京国立博物館の受入次第の記録では、1930（昭和5）年4月25〜29日に旧佐波郡殖蓮村大字八寸字横見2068で発掘された後、1931（昭和6）年6月1日付で群馬県から購入として当館に収蔵された[1]。

　当館保管の『埋蔵物録 昭和六年（一）』には、

　　群馬県ヨリ購入之件

として、

　　二〇九一五　埴輪女子像残缺　鬢ヲ巻キ、耳玉耳環ヲカケ大形ノ島田式結髪ヲナシ衣ヲツケ裳ヲマトフ　一個／群馬県佐波郡殖蓮村大字八寸字横見二〇六八番地発見／群馬縣ヨリ購入

と記載される[2]。

　また、本人物埴輪（J-20915）は、1933（昭和8）年に全身像として復原修理が行なわれた（以下、旧修理）[3]。

（2）指定と解体修理

　本人物埴輪（J-20915）は、ほぼ全容を知ることができる稀少な女子埴輪の全身像である。古墳時代の女性の衣服や装身具を示す資料として注目され、早くからしばしば紹介・引用されてきた[4]［第5図］。1958（昭和33）年には、重要文化財として指定された［官報告示：1958（昭和33）年2月8日付］。

　また、当館では1998（平成10）年に、学芸部保存修復管理官（現 学芸研究部保存修復課）が置かれ、学芸部各分野（各課）において修理を要すると考えられる重要列品の調査・検討が行なわれ、学芸部考古課原史室では本人物埴輪のほか、埴輪では国宝 挂甲武人を重要考古資料の優先修理候補として推薦した。

　これを受けて、当館の重要列品として本埴輪の解体・修理計画を策定し、本埴輪の修理計画は2003（平成15）年6月5日付の鑑査会議で承認された。修理事業は、次に述べるような修理仕様に鑑み、2003・2004（平成15・16）年度の2カ年計画で実施された[5]。修理施工者は繭山隆司氏で、修理経費は3,887,000円である。

第5図　旧修理の見取図（小林1951a）

2．修理の経過――解体修理と調査・記録――

（1）修理前の状況

　破損等の状況は、旧修理時に破片を接合の上、髻・腕・胴部・台部の各部約3分の1を石膏で完形に復原している。しかし、古い時期の修理のために、接合部・補填部の褪色や石膏等の劣化が進み、崩壊の危険性も高い状態であった［口絵8、PL5〜7］。なお、他に本埴輪と同一個体と考えられる破片8個が存在し、接合等による帰属の確認が

- 12 -

必要な状況であった［PL9中段］。

（2）修理仕様

摘記すると、次の通りである。このうち、2003（平成15）年度には①〜④を実施した。

①旧修理で組み立てられている修理対象（J-20915）、および関連する収蔵・保管されていた人物埴輪片について、修理前の状態を点検・記録し、写真撮影を行なう。

②解体して、各破片に分解する。

③各破片に付着している漆・石膏・塗料等を除去し、クリーニングする。

④収蔵・保管されていた破片を③と同様にクリーニングする。

⑤各破片の接着面を膠（水溶性）でコーティングを施した後、エポキシ樹脂系接着剤で接合する。また、欠失部および接合部を事前調査による復原図に従い、石膏・樹脂等で充填して完形に復原する。

⑥接合部や補填部分の内外面は、各種粘土粉末を周囲の色調より明度を落とした上で補彩して仕上げる。

⑦修理後の記録と写真撮影を行なう。

なお、使用材料は次のとおりである。ⅰ）樹脂：液状から固体まで粘度の異なる次のエポキシ樹脂。エポメート825・827・828・834（油化シェル製）。ⅱ）液体接着剤：パラロイドB-72（三恒商事株式会社製）。ⅲ）膠：妻屋膠研究所製。ⅳ）粘土および顔料：備前土・信楽・山土・弁柄（ベンガラ）。

（3）修理と調査・記録の過程

修理前に事前調査として、既存撮影写真の確認を含め、次のような現状の記録化を行なった。

①現状における保存状態の記録としての写真確認。

②欠失部を補った復原図の作成。

③旧修理で使用されていない人物埴輪片の事前調査および撮影。

また、修理過程の解体・クリーニング後は、中間調査としてすべての破片の点検・調査と記録化を図るため、東京国立博物館に一時返却した。中間調査では、次のような調査を実施した。

①各破片を相互に点検し、同一個体の点検・確認を行なった。

②他に収蔵・保管されていた破片と、本埴輪の破片との接合関係を検討・確認した［口絵11・12、PL 8〜9中段］。

③台部で確認した4本の「割れ」は、断面の観察・検討から窯窯焼成時による亀裂（窯疵）であると判断した［PL11下段］。

④写真撮影等を実施して記録した［PL9下段〜17］。

⑤各破片の破片内部の観察・記録を行ない、内面および腕部等の実測図を作成した［第16図］。

修理後調査として、以下のような調査を実施した。

①写真撮影を実施し、修理前との変更箇所等[5]の記録［口絵7・9・10、PL18〜20］。

②外面の実測図の作成［第12〜15図］。

以上、本修理および調査の結果、旧修理時の破片位置に異同はなく、接合等の位置関係も同一であった。また、保管されていた破片8個は中間調査②による確認後、追加して接合した。

なお、器台部で確認した4本の「割れ」は窯疵であることがわかるよう仕上げた。そのため、当該箇所は全重量が掛かる部分であることから、取扱いおよび保存性の向上を図るためにパラロイドB72を用いて硬化させて強化した。

註
（1） 以上は、当館保管記録（東京国立博物館 1983a、本村 1991）に拠る。1938年には地元の調査による報告がある（群馬県 1938）。
（2） 他に、埴輪（武人残欠1［J-20916］、武人残片一括［J-20916・20920］、男子残欠1、男子頭部1［J-20917］、人物残欠2［J-20918・20919］、人物残片一括［J-20916］、人物台部残欠3［J-20920］、人物鎌部1［J-20920］、人物台部残片2［J-20920］、馬残片7［J-20916・20920］、家残片一括［J-20920］、ヤリ1［J-20916］、円筒埴輪残片一括［J-20920］、埴輪棺残片1［J-20920]）・高坏残片［J-20920］・鉄刀13［J-20921］がある（東京国立博物館 1983a）。また『埋蔵物録』では、埴輪（女子頭部1、武装男子1、男子頭部1、人物片1、家残片1）・鉄刀26である（本村 1991）。
（3） 当館台帳には、旧修理について「接合修理の結果完形をなす（昭和八．七．二〇）」との記録がある。
（4） このうち、第5図は『日本考古学概説』（小林 1951）に所載された多数の的確で洗練された線描（イラスト）の一つであるが、作者は著者・小林行雄氏の指導を受けた坪井清足氏の筆であることを元天理大学教授・金関恕氏にご教示頂いた。記して感謝申し上げたい。
（5） 法量の変化は、修理前が高さ128.3cm、修理後が高さ125.5cmである。

Ⅲ 埴輪 挂甲武人

1．調査に至る経緯——指定と修理計画——

（1）出土に関する記録
　群馬県太田市飯塚町出土の国宝 埴輪 挂甲武人である。
　東京国立博物館の受入次第の記録では、発掘の経緯は詳細不明であるが旧新田郡九合村で出土し、1952（昭和27）年5月29日付で松原正業氏から購入し当館に収蔵された。[1]

（2）指定と活用
　本人物埴輪（J-36697）は、全容を知ることができる稀有な武人埴輪の全身像である。類い稀な写実的表現と秀逸な造形によって、古墳時代の武装や男子服飾および古墳時代武器・武具の様相を示す考古資料としてだけでなく、美術的な視点からも飛鳥時代以前の人物像としても注目され、多くの機会に紹介・引用されてきた［口絵1〜6、PL1〜4］［第6図］。[2]
1958（昭和33）年には、前述の重要文化財 埴輪 盛装女子（J-20915）とともに、国宝に指定された［官報告示：1958（昭和33）年2月8日付］。
　また、その優美な造形から、日本郵政・普通切手の図柄や義務教育における教科書等をはじめ、さまざまな機会に人物埴輪の代表として繰り返し採り上げられている［第7図］。古代以前の日本列島における日本国民のもつ武人のイメージに多大な影響を与えたといっても過言ではないと思われる。[3][4]

（3）修理計画と事前調査
　前述の埴輪 盛装女子（J-20915）と同様、当館では1998（平成10）年に本人物埴輪も重要考古資料の優先修理候補として推薦されたことを受けて、当館の重要列品として、本埴輪の撮影等修理前調査（事前調査）を進めてきた。
　まず、保存状態の把握のために、2010（平成18）年に大型X線機器が設置されたことを契機に、本人物埴輪のX線透過撮影を実施した［PL35〜38］。また、2009（平成19）年に経済産業省の補助金で実施された重要文化財デジタルアーカイブス化計画で、高精細写真撮影および外表面の保存状態の記録化のための三次元計測調査を実施した。[5]
　次に、この事業で得られた三次元計測データを考古資料の記録化（資料化）の標準的方法である正射投影実測図作成に活用するために、同事業の委託先である凸版株式会社の協力を得て同データの画像処理による加工・変換によって実測図作成に利用可能な正射投影画像の開発を行な

第6図 旧修理の見取図（小林 1951a）

第7図 切手の中の埴輪挂甲武人
（1976年1月25日発行 普通切手）

い、同画像から実測図用下図を作成した[PL29〜32]。
　また、三次元計測データ特有の計測欠陥部分[7]については、その後2011・12（平成23・24）年に補足で実測調査を実施し、三次元計測データの正射投影画像を用いた実測図の作成を行ない、本人物埴輪の基礎的資料化を行なった［第8〜11図］。

註

（1）　以上は、当館保管記録（東京国立博物館1983b、本村1991）に拠る。当館台帳では「重要美術品　挂甲着用武装男子埴輪　1躯　群馬県九合村出土」と記載される。

（2）　第5図と同じ。

（3）　郵政省（現日本郵政株式会社）が200・210円切手として、3回発行した（1974年11月11日・1976年1月25日・1989年6月1日付）。

（4）　その代表に1960年代に日本映画のモデルとなった例や1980年代のNHK子供番組の主役着ぐるみのモデルとなった例などが挙げられる。さらに、そのイメージは国民的な娯楽・関心の一つであるスポーツ（プロ野球）界にも影響を与えた（小野 2010ほか）。まさに国民的キャラクターともいうべき存在といえる。

（5）　本書付編①和田報告参照。

（6）　本書付編②中山報告参照。

（7）　本書第4章1.参照。

第1章引用文献

秋元陽光 1992「失われた古墳群―長田古墳群の復元―」『みぶの古墳―掘り起こされた古墳の記録を訪ねて―』（第6回企画展図録）壬生町歴史民俗資料館

秋元陽光・飯田光央 1999「三王山星宮神社古墳出土の埴輪」『栃木県考古学会誌』第20集、栃木県考古学会

小野俊太郎 2010『大魔神の精神史』（角川Oneテーマ21 B-136）

群馬県 1938「殖蓮村 No.245〜253・255」『上毛古墳綜覧』（群馬県史蹟名勝天然記念物調査報告書第5輯）

小林行雄 1951a「第二二章　古代の服飾　第四十一図　女子　7 群馬・横見」『日本考古学概説』東京創元社

小林行雄 1951b「第二三章　古墳時代の甲冑　第四十五図　6 群馬・九合」『日本考古学概説』東京創元社

下都賀郡教育会 1931『紀元二千六百年記念古墳調査』（飯野耕作編）

東京国立博物館 1980「111 栃木県下都賀郡壬生町大字安塚出土品」『東京国立博物館図版目録（関東1）』東京国立博物館

東京国立博物館 1983a「40 群馬県伊勢崎市豊城町横塚出土品」『東京国立博物館図版目録（関東Ⅱ）』

東京国立博物館 1983b「48 群馬県太田市飯塚町出土品」『東京国立博物館図版目録（関東Ⅱ）』

本村豪章 1991「古墳時時代の基礎研究稿―資料編2―」『東京国立博物館紀要』第23号、東京国立博物館

壬生町 1988『壬生町史　資料編（原始古代）』壬生町史編纂委員会

壬生町教育委員会 1972『物語壬生史』

壬生町教育委員会 2009『ナナシ塚古墳』壬生町埋蔵文化財調査報告書第23集（君島利行編）

壬生町歴史民俗資料館 1992『みぶの古墳―掘り起こされた古墳の記録を訪ねて―』第6回企画展図録（君島利行編）

壬生町歴史民俗資料館 2003『よみがえる古代のはにわ人たち―装いを新たに、ナナシ塚古墳出土「人物埴輪」―』第17回企画展図録（君島利行編）

第 2 章
調査成果

I 埴輪 挂甲武人

　武器・武具を着け、威儀を正す完全武装の武人の姿を表した人物埴輪である。頭部には、頬当と錣を装着した日本列島独自の鋲留衝角付冑を被る。草摺と一体の小札を連ねて作られたいわゆる挂甲に、同じく小札を用いた肩甲や膨らんだ膝甲・臑当・沓甲などの付属具を備えた甲冑で全身を覆う。背中には矢入れ具の靫を背負い、両腕には籠手・手甲を着け、腰には佩用する大刀の柄に右手を添え、手首に鞆を着けた左手で、左肩にもたせ掛けた弓を執る姿を表す。

1. 各部の特徴 ［第8～11図］［口絵1～6、PL1～4、29～32、35～38］

　形象部・器台部からなる本体と、武器・武具などの付属具部分を各部位ごとに記述する。略述すると、顔面部分を除き、頭部は背面側に比べて正面側が多く欠損する。上半身は、腕・肩部や弓・靫部等の付属具などの遺存度が高いが、草摺部分以下の下半身は遺存度が低く、とくに正面側は草摺部分から膝甲部分の多くを欠損する。なお、腰部は草摺部分で覆われており小札甲と一体の構造をもつため、上半身に含めて記述する。器台部は比較的遺存するが、大小の破片を接合した破片接合が著しい。

（1）頭 部

衝角付冑　古墳時代後期の竪矧広板鋲留衝角付冑が表現される。伏板と幅広の地板および腰巻板から構成され、冑部分は全長21.5cm、全幅18.0cmである。

　伏板部分は板状粘土を貼付して成形したとみられ、全体はよくナデ調整され、輪郭部の端面には強い横ナデ調整が施される。しかし、この横ナデは後述の地板部分のハケメ調整にわずか指1本分掛かる程度で丁寧に施されており、とくに後頭部付近においては板押しナデに近い貼付状況も観察される。また、輪郭部に沿って粘土粒を圧着して鋲頭が表現される。鋲頭は衝角部分両縁部の各4個のうち左縁先端部分の1個と天辺部分両縁部の6個・5個の計11個のうち、後頭部左側の2個、後頭部右側の4個が遺存する他は欠失または復原である。径0.6～0.8cm、高さ0.5～0.6cm。一方、円形に近い天辺部分中央には、ほぼ直径1.2cmの小孔が開けられる。そのすぐ前方には、一対の粘土塊が貼付され、いずれも基部から折損し後方へ延びることから、さらに棒状粘土が斜め上方へ延びていた可能性がある。伏板部分は全長16.5cm、全高15.4cm、天辺部は幅13.4cm、厚さは1.2～1.5cm。なお、衝角部の左右には、頬当部分との間に腰巻板が表現されていたとみられるが、鋲頭も含め全体が復原で遺存しない。復原幅は0.8～1.8cm、高さ0.8～1.0cm。また、前額部には中央が若干垂下する短い竪眉庇状の表現があり、粘土紐で比較的薄く付加されて成形されたとみられる。左右端部は後述の両頬当部分の前縁部に貼付して整形され、下縁部は横ナデで整形、全体はナデ調整される。幅13.5cm、厚さ0.5～1.0cm、中央部分は高さ2.0cm。

　地板部分は左右2枚ずつの計4枚で表現される。全体に縦方向のハケメ調整が施された後、沈線で区画され、後頭部の区画はほぼ真後ろに表現される。高さは右側面衝角部付近で8.8cm、後頭部で7.8cm。伏板部分を含めた製作工程の先後関係は、①地板：ハケメ調整→②伏板：横ナデ調整→③地板：沈線施紋→④伏板：鋲頭形粘土粒貼付の順である。なお、頬当部分後方の後頭部は地板のみの表現で腰巻板が表現されず、下端付近に粘土粒で鋲頭が表現される。地板部分右側面・左側面後半にはそれぞれ4個・3個計7個の鋲頭が表現され、左側面後半の最前方1個が残欠のほかは完存する。地板を区画する沈線上にも、粘土粒で鋲頭が各3個表現される。最下方

— 18 —

の第3鋲頭列は地板最下端付近の鋲頭と同一の列をなし、前額部腰巻板部分よりも高い位置に貼付されており、右側面第1・2板間の沈線上の上方2個、左側面の同沈線上最下方の1個を除いて完存する。

錣　2段構成の小札錣が表現される。板状の粘土を冑部分の後頭部下端付近に貼付して成形したとみられる。冑部分と連続する縦方向のハケメ調整を施し、下縁付近にはさらに横方向にハケメ調整が施される。左前縁にも、一部横方向のハケメが観察される。前縁および下縁の一部は横ナデ調整が施される。各端面は下縁や右縁下半部が横ナデ調整で仕上げられ、丸みを帯びた稜をなすが、前縁はやや鋭い稜をもち、工具で切削された後にナデ調整が施されたとみられる。高さは後頭部の沈線付近が11.0cmで、両頬当部付近で10.6～10.8cm。縦横方向の沈線で区画して小札列等が表現され、冑部分との境界と下縁部に全体を区画する横方向の沈線がある。縦方向の沈線は冑部分から下端付近まで連続し、左右両側面にそれぞれ11本・10本計21本あり、合計20列を区画している。横方向の沈線とは切り合い関係にあり、①冑部分下縁部と錣部分下半部の沈線→②縦方向の沈線→③上下段を区画する横方向の沈線の順で施紋されており、①がもっとも深く、②③は比較的浅く刻まれる。また、②は①に対していずれも短く、端部の上下に刺突を伴う表現を一単位にして、右側面3・4列目を除いて交互に施される。区画された前縁と下縁部は革包覆輪を表現しているとみられる。沈線間隔は1.4～0.9cmで、刺突が2区画にわたってみられない右側面3・4列目では0.5cmである。刺突具の先端はやや菱形を呈し、幅0.6～0.8cm、高さ0.1～0.3cmである。

頬当　前縁・後縁が直線状で、下縁部がゆるく弧状を呈する左右一対の頬当を表現する。粘土板が冑部分の両側面下端に貼付され、表面は外周・中央に縦方向4列、その間に横方向2列の粘土紐で分割される。左右側部分とも緩く内弯するが、右側部分は中位で変形し内側に屈曲する。それぞれ高さ17.0・17.5cm、幅8.5～10.5・8.3～10.0cm、厚さ1.5～1.8・1.2～1.5cm。粘土板の前後縁部はやや下方に窄まる直線状で、後縁下半部の胸部に接する部分は斜めにカットされるが、接する部分の距離によって左側が大きく、右側は小さい。粘土板は表面に縦方向のハケメ調整が施されるが、上端は冑部分に圧着され指ナデで仕上げられる。内面は左側部分が丁寧なナデ、右側部分が縦方向のハケメで仕上げられ、左側部分がやや厚手である。各端面は鋭い稜をもち、工具で切削された後に軽くナデ調整が施されたとみられる。なお、縦方向の4本の粘土紐端部に隣接して、錣部分と同じ工具とみられる刺突が各1ヵ所ずつ施される。粘土紐は板押ナデで貼付され、縦横方向の粘土紐は基本的に縦方向が連続して長く、その間に横方向に短くわたされ、接合部は指頭によって圧着される。縦方向の貼付状況はいずれも下端は軽く、上端は強いナデが施される。外周の粘土紐は下半部がU字形に整えられるが、右側部分では下端で接合される。製作工程は右側下半部分における端部の重複関係から、①縦方向外周粘土紐→②同中央粘土紐→③横方向粘土紐の貼付である。ただし、縦方向中央の粘土紐には、屈曲して横方向の粘土紐と連続する部分がある。左側部分の縦方向中央後列の第2段目、および右側部分の縦方向中央後列の第2段目上端が外周後列間の横方向粘土紐と接続する。両側部分における粘土紐の貼付状況から、③は下方から設置されたと仮定した場合、①設置後に②は中央前列から施工され、後列は準備した粘土紐の長さによって上半部を横方向に転化させた可能性がある。

顔面　よくナデ調整され、成形時の痕跡は観察できない。顎部分は下端部に略U字形粘土を貼付して成形したとみられる。左頬部分下端と右顎部分に整形時に混入した有機物が焼成によって亡失した線状の凹部がある。幅約23cm。目部分は刀子状工具によって、切れ長の杏仁形に切り透かされる。両目とも上瞼部左端には複数回の施工による段を生じており、製作者の利き腕に関係する可能性がある。両目は左右幅3.5・4.0cm、高さ0.8・1.0cm。鼻部分はナデ調整され、全体は下端がやや膨らんだ略二等辺三角形状をなす。鼻孔は下面に薄い工具を用いて、やや左に偏り細く刺突で表現される。口部分は目部分と同様にきわめて薄い杏仁形に切り透かされる。幅3.0cm、高さ0.4cm。美豆良および頸飾等の表現はみられない。

彩色　顔面右頬部分および両頬当部分粘土紐には、比較的よく赤色顔料が残存する。また、冑部分の地板部・

錣部および頬当本体部の表面には白色顔料が残存する。いずれも胎土表面の黒色層上にほどこされるが、黒色層の詳細は不明である。

（２）上半身

胴部（小札甲）　いわゆる挂甲とよばれる小札甲を着装した状態を表現する。[4]左手で左肩部にもたせ掛けて左胸部に当てる弓本体部分の下端を摑み、右腕部は右腰部に佩用する大刀柄頭に手を掛ける。背面中央には靫が表現される。また、中央が内弯するΩ形の腰札と草摺部分下端の屈曲して段をなす裾札は立体的に表現され、造形的に区別される。表面はハケメ調整され、胸部・背部は縦および斜め方向、胸部上半部・背面上半部は横方向、頸部は放射状に施される。さらに腰札部分をナデ調整した後、縦横方向の沈線で区画して小札列等が表現される。

頸部基部から両肩甲部分と小札甲部分上端までの間は、沈線で矩形の一枚板状に区画される。頸甲状の付属具を表現したとみられ、四方の縁辺部には頬当部分の上端付近と同様な刺突表現がある。正面側・背面側で長さ23.8cm・27.5cm、前後幅14.0～17.0cm。小札甲部分の正面側中央に左衽の引合部分があり、襟元・腹部の２ヵ所に引合紐が表現される。引合部分は粘土紐を縦方向のハケメ調整だけで整形・貼付され、左端に段差を設ける。幅2.8～3.2cm。段差高0.1～0.3cm。

小札甲部分は、縦横方向の沈線で区画して小札列等が表現される。まず、頸甲状部分・腰札部分との境界を横方向の沈線で区画し、この間に連続する縦方向の沈線で３段の小札列等を表現する。小札列等は前胴部では両肩甲部分の間に、引合部分から左前胴部５列・右前胴部６列計11列、後胴部の靫部分と左右肩甲部分との間に各８列、および靫部分下に２列の計18列、左肩甲・右肩甲部の下方にそれぞれ５・６列あり、計40列表現される。ただし、右前胴第６・７列目のように上半部のみ表現され、下半部が省略される場合があり、横方向の沈線区画を縦断しない部分がある。沈線間隔は0.9～1.4cm。次に、各列は一区画おきに施される横方向の沈線でおよそ３等分される。錣部分と同様に、横方向の各沈線とその端部に隣接する区画の上下に刺突を伴う表現が交互に施され、横方向の沈線は一部隣接する区画に掛かる箇所がある。沈線間隔は1.0～2.0cm。各段の長さは上段・中段・下段で4.3～5.6cm・6.0～6.7・5.0～6.5cmで、刺突具の先端形状はやや菱形で、幅0.5～0.7cm、高さ0.2～0.3cmである。

腰札部分は、小札甲部分境界と同様、下端を草摺部分との境界を横方向の沈線で区画し、縦方向の沈線で分割して表現する。両者は草摺部分との関係と同様であるが、基本的に列幅の約１/２ずつが食い違う構成である。腰札列は背面側中央の靫部分で一部が隠されて判然としない部分を残すが、引合部分から左側に11列、右側に12列が確認できる。沈線間隔は1.6～2.5cmで、高さ7.0～8.0cm。腰札部分上部には、小札甲部分と連続する縦方向のハケメ調整が施されるが、内弯部と下部は丁寧なナデ調整で仕上げられる。また、上部・下部に上縁・下縁に隣接して各１個、内弯部中央に上下２個一組の小札甲部分と同様な刺突があり、基本的に小札甲部分沈線の延長上に施される。[5]したがって、製作工程の先後関係は切り合い・重複関係から、①ナデ調整→②ハケメ調整→③横方向沈線→④縦方向沈線→⑤刺突施紋→⑥引合部分設定→⑦紐部分貼付と考えられる。

腰部（草摺）　小札甲と一体となった草摺部分が表現される。腰札部分下部から連続した小札等列と下端の裾札部分で構成され、草摺部分には縦方向のハケメが施されるが、裾札部分は丁寧に横ナデされ、下縁は強い横ナデで仕上げられる。腰札・小札甲部分の境界と同じく、草摺と裾札部分の上端は全体を横方向の沈線で区画され、この間を連続する縦方向の沈線と断続する横方向の沈線で２段に表現される。欠失部の復原部分が多いが、引合部分から左廻りに全体で41列確認できる。沈線間隔2.5～5.5cmで、高さは上段6.2～6.8cm、下段6.0～7.0cm。

裾札部分も縦方向の沈線で分割されるが、いずれも横方向の沈線とは切り合い関係にある。また裾札部分上部と段をなす内弯部には刺突が施され、縦方向の沈線同士では裾札部分が先で、草摺部分の分割線が後に施されている箇所がある。裾札部分は復原部分を含め、48列確認できる。沈線間隔は3.0～4.0cm、高さは8.8～9.5cm。裾

札部分下部の先端は横方向に全体を区画する沈線外側にあたり、革包覆輪とみられる草摺下縁部に覆われた状態を表現すると思われる。以上から、製作工程の先後関係は切り合い・重複関係から、①ナデ調整→②ハケメ調整→③横方向沈線→④裾札：縦方向沈線→⑤裾札：刺突施紋→⑥草摺：縦方向沈線→⑦草摺：横方向沈線である。

　肩甲　小札を連ねた肩甲が表現される。板状粘土を両肩部分に貼付して成形したとみられ、ナデ調整の後、縦方向のハケメで整形する。端面は丸みを帯びるが一部にやや鋭い稜をもち、ナデ以前の調整は判然としない。輪郭に沿う沈線で囲まれた区画内が縦方向の沈線で細分されて小札等列が表現され、小札甲・錣・草摺部分と同様な構造の付属具を表現しているとみられる。比較的遺存率のよい左肩甲部分で11列、右肩甲部分で14列確認できる。沈線間隔は2.3～2.6cm、高さは17.5～18.8cm。また、両肩甲部分とも後方第11・14列は刺突であるが、前方第１列は統一されていない可能性がある。なお、下縁および前・後縁と区画線の幅はほぼ一定で、革包覆輪を表現しているとみられる。製作工程の先後関係は切り合い・重複関係から、①ナデ調整→②ハケメ調整→③横方向沈線→④縦方向沈線→⑤刺突・横方向沈線である。

　紐　簡略化された紐の結目が２個表現される。粘土紐を板押圧で貼付するが、貼付位置は引合部分上や端部で一定しない。復原部分を含め、上部紐は全幅5.2cm、高さ2.2cm。

　腕部　上腕に筒袖で半袖の上着を着け、前腕に籠手・手甲を着けた状態が表現される。筒袖部分は薄く延ばした粘土紐で成形したとみられ、両腕部とも背面側に接合痕跡とみられる凹凸部がある。腕部はナデ調整の後、縦方向のハケメが施されるが、右手甲部分にはみられない。上下端がU・逆U字形の籠手・手甲部分は粘土紐を板押ナデして成形されるが、境界に横断する粘土紐で分離される。籠手部分は残存する右側長39.6cm、幅11.3～12.5cm、手甲部分は左側長11.4cm、幅10.5～11.0cm、右側長17.2cm、幅11.0～12.0cm。施工順位は、①ナデ調整→②ハケメ調整→③付属具：板押しナデであるが、右腕部では両付属具横断部分の成形後に両付属具の端部を設定するのに対し、左腕部は逆の可能性がある。また、粘土紐は右腕部に比べ、左腕部は細い特徴がある。

　手　５本の指を表現する。先の細い粘土紐で成形され、全体はナデ調整で仕上げられる。長さ2.5～3.3cm。なお、手の平部分と両手とも残存しない親指部分は、成形等の詳細は不明である。

　鞆　断面略円形の革袋の片端部に結ぶ革緒を他片端部に巻きつけて結んだ形状の鞆を表現するとみられる。背面側は粘土紐をナデで貼付して成形される。幅1.5～2.0cm、厚さ1.0cm、残存長7.5cm。

　大刀　２カ所に足金具をもつ大刀を表現するが、鞘部の一部と柄頭付近を除き復原される。鞘部は断面長方形の粘土板で成形される。外面は横方向のナデによって整形し、下面を左腰部に貼付しているが、後端部を除き補強粘土は少ない。鞘部上端の草摺部分との接合箇所に並行する段差があり、貼付時の痕跡の可能性がある。鞘部残存長さ12.5cm、幅1.5～2.0cm、厚さ1.0cm、大刀復原長27.0cm。佩用するための紐は、粘土紐を腰札部分に巻きつけて貼付・圧着させて成形する。鞘部とは復原された足金具の位置で接合し、腰札部分第４～６列には逆U字形の粘土紐で結び目を表現する。幅2.0～4.0cm。

　弓　弓本体および弓弦が表現される。弓本体は欠失する上端部まで、胸部表面の形状に沿う幅広の台形に成形され、全体が横ナデで仕上げられる。下端部は粘土紐の丸みを遺す。遺存部分長18.5cm、幅4.8～5.2cm。弓弦部分は弓本体部分上に粘土紐を置き、指頭で圧着して成形する。幅0.5cm。

　靫　両脇に鰭部をもち、本体が背板・矢筒部で構成されるいわゆる奴凧形靫を表現する。縦方向のハケメで調整された矩形の背板部分には、やや間隙をもって４本の矢鏃部分が表現される。矢鏃部分は粘土紐で成形し、板押しナデで貼付された後、線刻で鏃身を表現する。また、外側の矢鏃に接して短く折損する粘土紐が同様に貼付されるが、背板部分の輪郭に沿ってやや外側にはみ出すことから、背板部分の一部をなす可能性がある。鏃身部分基部には扁平な円形飾りが１個ずつ、粘土粒を板押ナデで貼付して設置される。箱形の矢筒部分上半部には両側に板状の鰭部分が貼付され、矢筒・鰭部分を沈線で区画し、鰭部分にも斜方向のシンメトリーな沈線を施す。矢筒部分は上半部上縁をさらに横方向の沈線で区画し、下半部の中位に側面におよぶ２本の平行する沈線を施す。

第8図　埴輪 挂甲武人
　　　　実測図（正面）

第9図　埴輪 挂甲武人
　　　実測図（背面）

（3倍、以下同じ）

第10図 埴輪 挂甲武人
実測図（右側面）

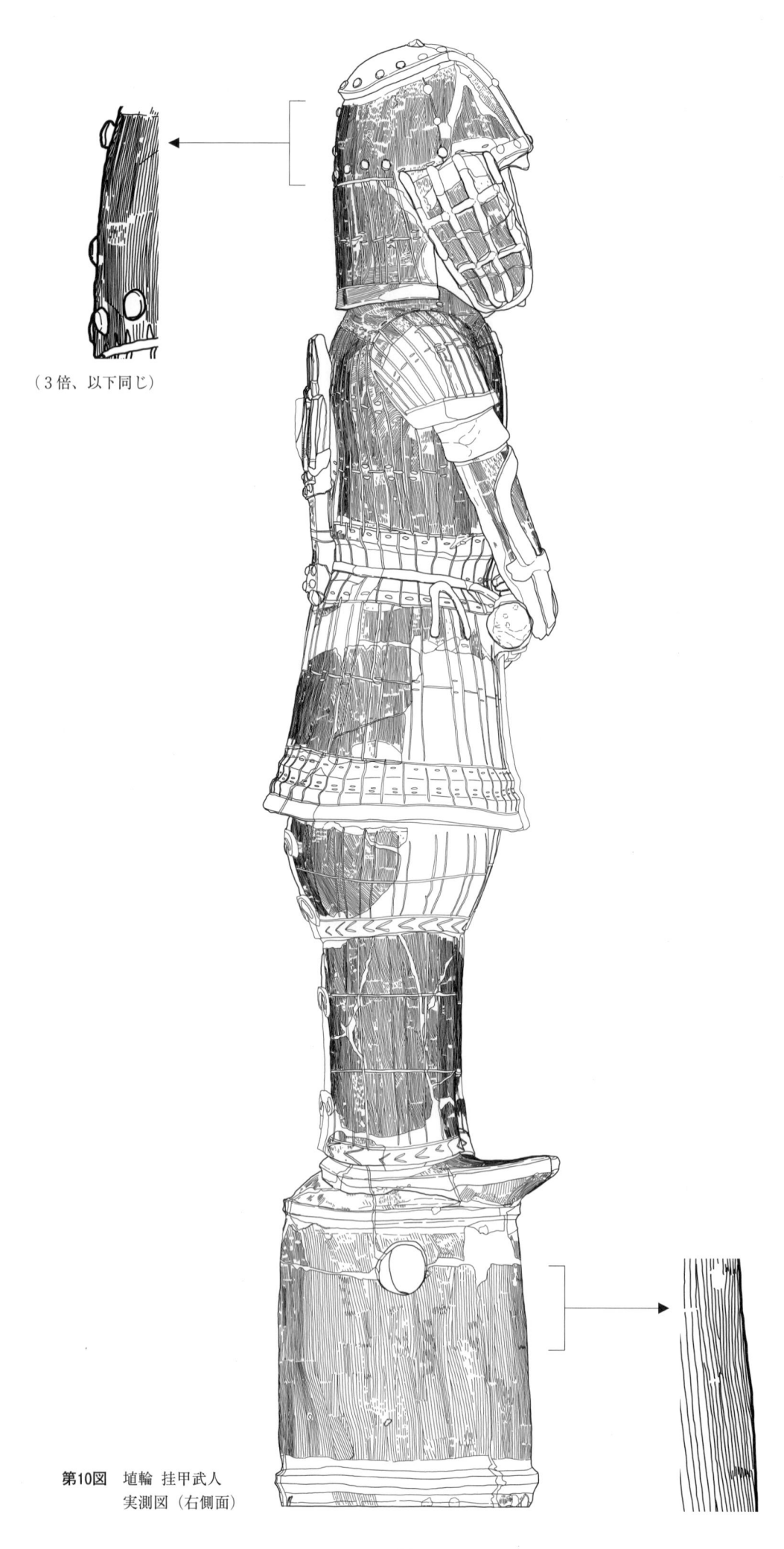

- 24 -

第11図　埴輪　挂甲武人
　　　　実測図（左側面）

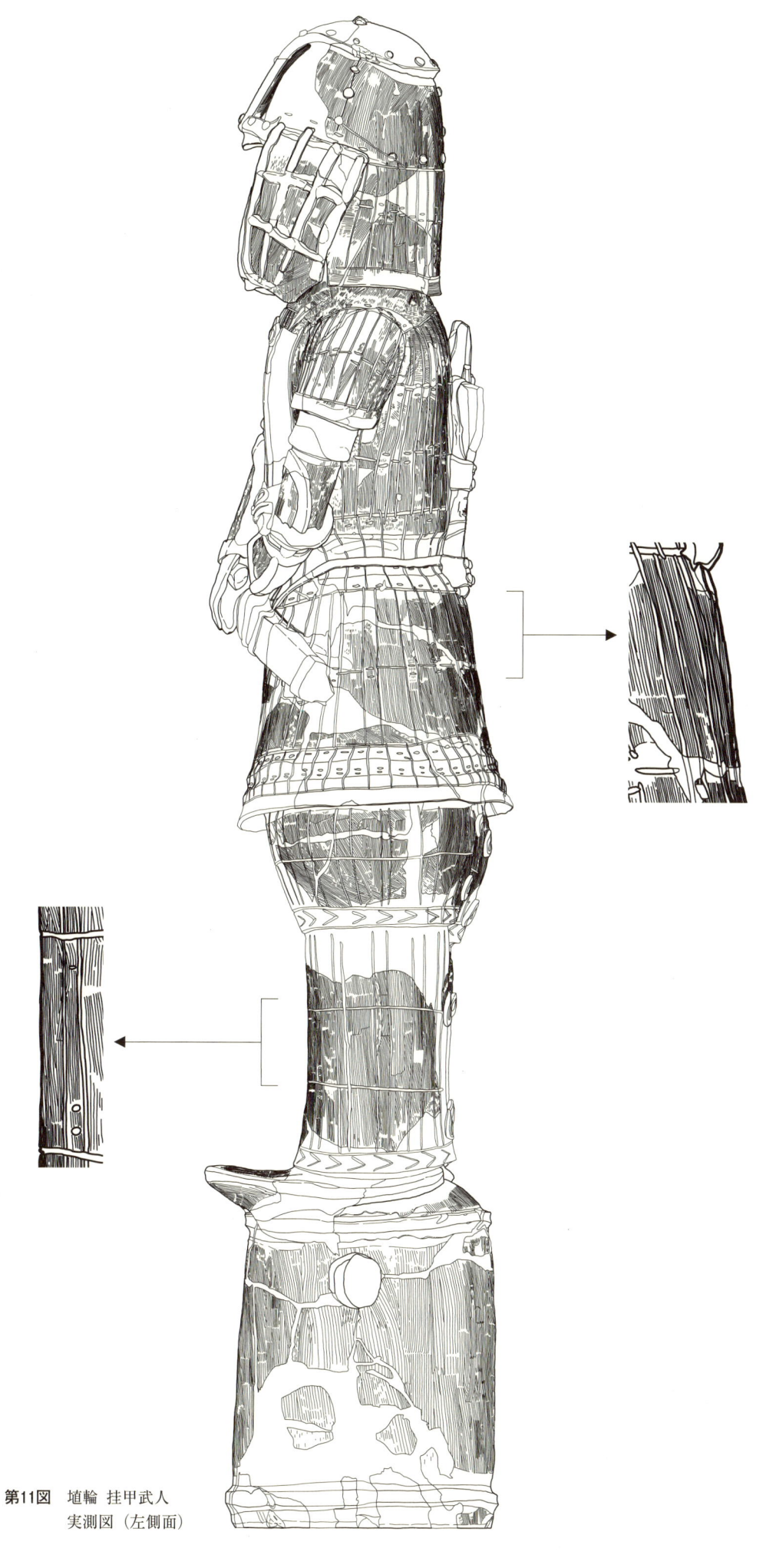

− 25 −

鰭基部に接して中位に横帯、下端に基部を粘土板巻き付けで成形し、押しナデ整形で貼付する。横帯・基部に上下2列3個ずつの円形飾りを貼付し、さらに基部下面の外端に粘土粒を指頭で圧着する。なお、背板裏面には補強粘土が充塡される。全幅14.5cm、背板部分は幅5.0cm。矢筒部分は全長17.0cm、幅5.0cm、厚さ1.5～2.0cm、横帯幅6.0cm。基部は高2.5cmおよび全幅7.5cm、厚さ2.0cm。

（3）下半身

脚部（膝甲） 両脚部とも半球形に膨らんだズボン状の膝甲を表現する。縦横の沈線で分割する2段の小札列等を表現し、背面側には左側を上重ねした引合部分があり、紐の結目が各2個表現される。下端には矢羽状の線刻を施した帯状部分があり、革組覆輪を表現したとみられる。なお、右脚部は破片が遺存しないため線刻の方向は復原である。縦および斜め方向のハケメで調整された後、遺存状況から下端の横方向の沈線との関係は明確ではないが、まず縦方向の沈線で区画し、次に横方向の沈線で上下に分割する。小札列等は細い区画と幅広の区画が交互に配される傾向がある。引合部分を除き、比較的遺存率のよい左脚部で24列、右脚部では14列が確認され、それぞれ24・26列が復原される。紐部分は、遺存する右脚部上段が復原幅4.7cm、高さ2.1cm、左脚部下段が復原幅3.8cm、高さ2.8cm。小札列等は全高9.3cm、左脚部が幅1.0～3.8cm、右脚部が幅2.0～3.0cm、覆輪幅2.0cm。なお、狭小な区画には赤色顔料が比較的残存する。

脚部（臑当） 両脚部とも膝甲の下に着けた臑当を表現する。膝甲部分と同じく縦横の沈線で3段に分割した小札列等を表現し、背面側に紐の結目が各2個表現される左側を上重ねした引合部分がある。下端の横方向の沈線の後、縦方向の沈線を施し、再度横方向の沈線を施す。製作工程の先後関係は切り合い・重複関係から、①縦方向ハケメ調整→②下端：横方向沈線→③縦方向沈線→④中位：横方向沈線→⑤刺突施文である。膝甲部分と同じく狭小と比較的幅広な区画が交互に配される傾向があるが、左脚部前面外側の引合部分から第9列目の狭小な区画に、中段・下段のみ2個一組の刺突が各1カ所認められ、小札甲・錣・草摺部分などと同様な構造の付属具を表現している可能性がある。引合部分を除き、左右両脚部でそれぞれ20・17列が確認される。紐部分は、遺存する左脚部上段が復原幅3.8cm、高2.8cm。下端部は矢羽状線刻を施した帯状部分で、膝甲部分と同じく革組覆輪を表現したとみられる。小札列等は左脚部が幅2.0～3.0cm、右脚部が幅1.5～3.0cm、全高17.5～19.5cm、覆輪幅1.5cm。狭小な区画には、膝甲と同じく赤色顔料がよく残存する。

足部（沓甲） 甲部分に縦横の沈線で小札列等をもつ沓甲が表現される。上面・下面とも、縦方向のハケメ調整を施し、側面と踵部分をナデ調整で仕上げる。甲部分に縦方向の沈線を施した後、沓先部分の輪郭に合致したU字形沈線で区画し、最後に横方向の沈線で分割する。なお、U字形沈線は右脚部では滑らかに連続して施されるが、左脚部では断続し、先端部では重複する部分がある。左沓部分は長さ8.0cm、幅10.0cm、厚さ1.5cm、小札幅1.4～2.0cm。右沓部分は長さ8.0cm、幅10.0cm、厚さ1.5cm、小札幅1.5～2.1cm。

（4）器台部

天井部 中央は沓部部分間のわずかな空間のみで、踵部分には大きく横・斜め方向のハケメ調整を施す。高さ3.6cm。

円筒部 横方向に長い楕円形で、天井部との境界と低位に突帯を巡らせた1段構成である。左右両側に1対の円形透孔を穿つ。縦・斜め方向のハケメが施された後、突帯が横ナデで仕上げられる。中位で長径26.7cm、短径24.0cm、突帯間は20.5～21.5cm。

2．遺存状況

（1）頭部

衝角付冑 伏板部分の中央付近を欠失する以外は衝角部分の先端を含めてよく遺存する。地板部分は正面両側に欠損部がある。とくに正面左側は欠損が激しく、約50％におよぶ。また、正面側の腰巻板部分は左右ともに欠失する。背面側は正面よりも遺存状況が優れ、錣部分の一部を欠くもののほぼ完存する。ただし、地板と錣部分との境界の横方向の沈線底部には接合面が横走し、石膏により一部補強され、この部分で分割されていたことがわかる。また、粘土粒貼付による鋲留表現のうち、剥落した箇所は正面側が多く、背面側は少ない。

頬当 粘土板部分の残りは左右側部分とも良好であり、ほぼ完存する。ただし、冑本体部分との接続部付近に欠損が多くみられ、この部分で折損したことがわかる。右側部分は、上から1/2と3/4付近で割れ目が横断することから、三つに分割されたことがわかる。もっとも上部の割れ目に沿って、正面側に発掘時とみられる工具の衝撃による大きな欠損がある。粘土紐部分は、一部剥落・欠失するが全体的に残りは良好である。左側部分は、上半部分の1/3付近で欠損部および接合面が横断し、二つに割れたことがわかる。粘土紐部分は右側部分に比べ多くが剥落・欠失しており、遺存は50％程度である。とくに、最上部と最下部の欠失が著しい。

顔面 ほぼ完存する。細かい傷は顎部分などに存在するが、右目頭付近から額部分に向かうひび割れや目尻部分から耳部分へと向かうひび割れ、鼻先部分を一部欠く以外に、大きな欠失はみられない。左頬部分に齧歯類の歯痕とみられる傷も確認できる。

以上のように、頭部は顔面部分を除き、背面側よりも正面側の欠損が大きいことが特徴である。

（2）上半身

小札甲 正面・背面側ともに、ほぼ完存する。ただし、背面側の左肩甲部の付け根付近などを一部欠く。また、正面側の引合部分の紐表現が上下とも剥落により30％以下の遺存である。全体に欠失部分はほとんどみられないが、発掘時の工具の衝撃によるものとみられる損傷を含み、大小の傷が少なからず確認できる。とくに正面側の上半部分に多いが、背面側にも認められる。石膏による補修がなされている背面左側の欠失部や正面側左肩甲部分の大きな傷は、発掘時とみられる工具の衝撃による可能性がある。

腰札 全体的に遺存度は高く、欠失する部分は少ない。しかし、正面側中央付近にひび割れがみられ、ほぼ水平に巡る。ひび割部分には、補強用石膏が充填される。

草摺 腰札より上方の部分とは異なり、遺存度はきわめて低い。正面側では、大刀直下の一部と左側裾札付近のみ20％程度は遺存するが、ほとんどを欠失する。背面側は正面側に比べると遺存度は高いが、右側上半部から中央付近にかけて大きく欠失するなど、上半身に比べると欠損が大きい。また、縦横に走る割れ目が広範囲にみられ、背面側全体は細片化して分割されたことがうかがえる。これらの割れ目にはいずれも石膏が補填され、それぞれの破断面間には少なからぬ間隙が予測される。これらの割れ目や背面側の欠失部は、正面側の欠失部へと連続して一周する。

肩甲 左右部分同様に、正面側下半部の25％程度を欠く。正面側中央から上方に向かってひび割れが入ることも共通する。右肩甲部分の背面側は上半部が20％程度遺存するだけで遺存状態は悪い。正面側でみられたひび割れが側面側を回り、背面側の欠失部へと接続する。対照的に、左肩部分の背面側は完存する。正面側にみられる亀裂は肩甲・小札甲の境界付近を巡り、小札甲部分背面側の欠失部へと接続する。

腕部 右腕部は、肩甲部分との接続部を欠失し、石膏による補填がなされている。左腕部には肩甲部分との接続部分に接合面がみられ、正面側の一部に石膏が補填される。また、左上腕部分の正面側は、肘の付け根部分

― 27 ―

の多くを欠く。しかし、全体としての遺存度は高く、90％以上が残存する。籠手部分は右腕部が完存する一方、左腕部は粘土紐の上半部が半分ほど剥落する。

　手　両手部分ともに完存する。指部分は左手部分が部分的に剥落がみられるがほぼ完存する。なお、左手部分の親指の先端を欠くようにみえるが、これは弓をもたせるために意図的に親指を短く造形した可能性がある。右手部分も破断面の状態から同様と考えられ、右手のその他の指は大刀を握らせるために意図的に短く造形された可能性も考えておきたい。一部に剥落などがみられるがよく遺存するものと思われる。

　鞆　手首部分に巻かれた状態で表現された正面側がほぼ欠失し、背面側のみ遺存する。

　大刀　柄頭から把間部分と鞘部分中央付近が遺存する。鞘部分の大半を欠失しており、遺存度は低い。佩用のための紐部分は、腰部に巻きつける部分右側の一部や大刀への接続部分などを欠くが、よく遺存する。

　弓　弓本体は上端部を欠失し、下半部が50％ほど遺存する。弓本体の表面に粘土紐で表現された弓弦部分も同様である。なお、石膏により復原された弓本体の延長上の小札甲部には剝離面が確認でき、弓上半部は本来、現状の復原よりも長かったと思われる。

　靫　奴凧形の鰭部分や矢鏃部分の一部を欠くが90％ほどが遺存する。鰭部分は、左右部分ともに根本付近で折れており、右側部分は遺存するが左側部分は70％ほどを欠失する。粘土紐の貼付による矢鏃部分は先端を一部欠くものも含むが、3本がほぼ完存する。左端の1本は完全に失われる。両端の棒状部分は根本付近から欠失する。また、矢筒部右側には右端の矢鏃付近から鰭部部分下辺まで弧状に亀裂が入り、石膏で補強される。

　以上のように、腰札部分から上方は腕・肩部、あるいは弓・靫部分等の付属具といった小札甲部分へ貼付される部分に欠損や割れがみられるが、全体としては遺存度が高い。また、正面側よりも背面部側の方が欠損部や傷が少ないなど、遺存状態がよいことも特徴としてあげられる。

（3）下半身

　脚部　両脚部ともに、臑当部分の遺存度は高い一方、膝甲部分正面側の残存率はきわめて低い。また、膝甲部分と臑当部分の接続部も両脚部とも、ほとんど遺存しない。足首部分付近の遺存状況も不良で、かなりの範囲に石膏が補填される。

　右脚部は、膝甲部分の正面側が完全に欠失し、背面側では下端部を完全に欠くが約80％が遺存する。また、縦走する割れ目が内股側にみられる。臑当部分の正面側では裾部分の半分以上を欠くが、全体では約90％が遺存し、膝甲部分とは対照的である。背面側も、引合部分の大半や裾部分などの半分以上を欠失するが、全体としては約80％が遺存する。しかし、縦横に走るひび割れが多く、多数の破片へと分割された状態であったことがわかる。一方、左脚部は、膝甲部分の正面側が左側のみ40％程度、背面側が約70％遺存する。背面側上半部の中央付近から内股部分下半部へと連続した欠損がみられる。左膝甲部分の下端は右膝甲部分と共通してほとんどを全面的に欠失するが、約20％が遺存する。縦走・横走する割れがみられ、石膏による補充がなされる。臑当部分の正面側は約70％が遺存するが、背面側は上半部・下半部ともに多くを欠損し、半分程度の遺存にとどまる。引合部分は上段の紐部分の周辺が遺存するのみである。右脚部分と同様に縦走する割れ目が目立ち、臑当部分にみられる欠損は左右ともよく似ている。

　足部（沓甲）　右沓部分は70〜80％以上が遺存する。左沓部分は爪先周辺が50％程度にとどまる一方、踵部分周囲はよく遺存する。左右ともに沓部分の下面と天井部の接続部分のほとんどが欠失する。また、縦および斜め方向に多くの割れ目が観察できる。

　以上のように、草摺部分以下の下半身は遺存度が低く、とくに正面側では草摺部から膝甲部までの多くの範囲が欠損する。比較的遺存度が高い背面側でも、石膏補修されるひび割れが数多く確認でき、細分化した状態であったことがわかる。

(4) 器台部

天井部　正面側では、沓部分との接合部の多くを欠失する。また、正面・背面側ともに、天井部分の一部を欠くが、全体の遺存度は約80％である。しかし、背面側には割れ目が縦横に走り、細かく分割されている。とくに、沓部分から連続した割れ目が目立つ。これらは石膏によって補填されており、少なからぬ間隙があったとみられ、損傷が大きいと想定される。

円筒部　下半部左側に大きな欠損部があるが、全体でみれば約80％が遺存する。天井部から1/4ほどの高さで、水平方向に全周する割れ目がみられる。この割れ目より下方では、正面側の左右と背面側中央付近に、底部下端まで縦走する割れが合計5本以上ある。また、これより上方には、天井部分から連続する縦横の割れ目が多数みられる。なお、これらはいずれも石膏による補充がなされており、破片間の間隙が大きいことをうかがわせる。

　以上のように、台部は比較的遺存度が高いが、規模の大きなひび割れが多数あり、下半身部と同様に破片状態であったことがわかる。

註
(1) 遺存状況は次節で詳述する。また、ハケメ調整については、本書第3章Ⅱ犬木報告参照。なお、各部における部分表現の単位等呼称については、基本的に前方または上方から数えた数詞で表記する。
(2) 施工部位が内面側で、調査方法などの制約から今回の分析には入っていない。本書第3章Ⅱ犬木報告参照。
(3) このように仮定した場合、③工程も下方の後方から順に設置された可能性が高い。
(4) 挂甲の用語は8世紀の有機質を多用した甲冑を指す文献の記載に拠る（宮崎1983）。近年は古墳時代甲冑とは構造が異なる可能性が高いことから、小札甲の用語が定着しつつある（清水 1993ほか）。以下、埴輪名称以外では、基本的に小札甲の呼称を用いる。
(5) 前胴部の一部を除き、次に述べる大刀の佩用紐で隠されるが全周施されているとみられる。

Ⅱ 埴輪 盛装女子

　筒袖で左前袷せ（左衽）の上着と裳を着け、全身を装身具で着飾った女子を表現した埴輪である。人物埴輪には半身像と全身像があるが、全身像には女子像の立像はほとんどなく貴重である。

　頭部には、分銅形を呈する大型で中空部分をもつ島田髷が表現される。額部分には髷を留める竪櫛・鉢巻、両耳部分に耳環・耳玉、さらに上半身には筒袖の上着と頸飾・手玉を着け、腰部左側に提げ物を垂下した状況が表わされる。また、上着と裳部分には、線刻でそれぞれ鱗状・縦縞状文が施され、まさに盛装した女性の姿を表している。

1．各部の特徴 ［第12〜16図］［口絵7〜12、PL 5〜20］

　形象部・器台部からなる本体と、髪型・上着・裳などの衣装や、耳飾・頸飾・手玉などの装身具などを各部位ごとに記述する。外面のハケメについては後述する[(1)]。また、内面図は人物背面側と同左半身側の見通し図であるが、外面の観察項目と表裏の関係にある箇所が多く、本埴輪についてはそれぞれの各部位ごとに記述する。

　遺存状況を略述すると、頭部は髷部分などの一部の欠損を除けば良好である。これに対し、上半身はかなり不良で、細かい破片に分割され50％程度しか遺存しない。とくに腰部から上着裾部にかけては、一部を除き大きく欠失している。下半身も裳部分の正面側・左側面を大きく欠失するが、60％程度は遺存する。器台部はほぼ残存し、欠失部は少ない。

（1）頭部 ［PL 9・10・12・13］

顔面・頸部　両側面に耳介と耳環・耳玉を表現する。幅広でよくナデ調整され、それ以前の調整は判然としない。額・左頬・鼻下部分に僅かに横および斜め方向のハケメの痕跡がみられる。顎部分の先端に接合痕跡が認められ、顔面部下端に略U字形の粘土を貼付して成形したとみられる。高18.5cm、幅13.5cm。目部分は刀子状工具によって、杏仁形に切り透かされる。左右両眼は幅2.8・3.2cm、高さ0.7・0.8cm。眉・鼻部分はT字形に粘土紐を貼付して成形され、ナデ調整で仕上げられる。鼻部分は先端がやや突出した略三角形状で、鼻孔は下面に薄い工具を用いて、やや左に傾いた刺突で表現される。幅3.2cm、高さ4.0cm。口部分は目部分同様、薄く杏仁形に切り透かされる。幅2.8cm、高さ0.3cm。耳部分は、外耳のうち耳孔の周囲に耳介上半部が小さく表現されるが、下半部は耳環内側にも見られず、耳朶（耳垂）は表現されていない。耳孔は外側から開けられ、ナデ調整も同様である。左側耳孔径1.5cm。

頂部　顔面・後頭部は連続した巻上げ成形で製作され、前額部を成形しながら全体を後傾させて窄ませた筒状の頭部を径約9cmの円板状粘土で塞ぐ。中央に外側から貫通するヘラ先を使用したような不整形な穿孔が施される。

髷・鉢巻　いわゆる分銅形の島田髷で、中央のくびれ部を横断する帯状粘土を貼付することで、束ねた髪を前後で潰し、髪帯で縛ってまとめた形態を表現する。全幅22.5cm、くびれ部幅13.3cm。頭部中央を閉塞した板状粘土の前後に粘土板を貼付し、前縁・後縁を強く弯曲させて中空の部分を形作る。外面下面にハケメ調整が残存するため、縦および斜め方向のハケメ調整の後、側面を含めナデ調整で仕上げたと考えられる。また、内面はくびれ部寄りの開口部分に、とくに顕著な粘土紐の接合痕跡が残る。このため、板状粘土はまずくびれ部幅に製作され、

— 30 —

分銅形の張り出し部分を粘土紐で積み上げて製作した可能性がある。一方、くびれ部両側面には縦方向の細い板状粘土があり、上面の髪帯はナデ調整された帯状粘土を板押しナデで貼付して成形し、端部は両側面にも及ぶがともに欠失する[3]。

　鉢巻部分は、外面に横方向のハケメがよく残存し、両側面もよく横ナデ調整され、前額部の下端3カ所には指押えの痕跡も認められる。両側面を横ナデ調整し、表面をハケメ調整した帯状粘土を板押しナデで貼付して成形したとみられる。幅2.0～3.2cm。なお、髪帯部分の下には、板状粘土の不整形な穿孔が一部覆われる。また、前額部の髷部分直下には、やや右に偏って貼付された竪櫛表現が剥離した痕跡がある。剥離面には荒く深いクシメが観察でき、いわゆるカキヤブリなどの粘土貼付前に施される設定技法の一つと考えられる。

　以上の先後関係は、切り合い・重複関係から、①頭部：巻上げ成形と縦方向のハケメ調整→②頂部：円板状粘土閉塞とハケメ調整→③髷部分：成形と外面ハケメ整形およびナデ調整後、穿孔→④同：髪帯貼付→⑤頭部：鉢巻・竪櫛部分貼付と考えられる。

　耳　飾　耳介後半部の上方に小玉を連ねた耳玉と、下半部に耳環を装着した状態を表現する。耳環部分は、ドーナツ形に整形した太い粘土紐を耳孔部分の下縁に接して圧着する。断面はいずれも下半部が正円形で、上半部は蒲鉾形を呈するため、粘土紐は接合・圧着とも上半部を中心として行なわれたとみられる。直径5.2cm、内径2.0cm、断面径1.3～1.6cm。耳玉部分は頸部側から順次、右耳部分が4・4・3個を3列、左耳部分は3個ずつ4列の粘土粒を圧着して形成し、いずれも耳環部分に掛かって設置される。粘土粒径0.5～0.9cm。したがって、製作工程は①耳介・耳孔部分：成形とナデ調整→②耳環部分：整形と圧着→③耳玉部分：整形と圧着である。

　頸　飾　頸部基部に、丸玉を連ねた頸玉を表現する。上衣部分の上縁に沿って、粘土粒を貼付して形成するが、遺存する右肩部分の右前側2個と背面側8個のみで、他は復原である。粘土粒径0.9～1.2cm。

（2）上半身［PL 9・10・13～15］

　上　衣　腰丈の上着で、筒袖と裾拡がりの裾部をもつ形状を表す。左前袷せの引合部分に粘土紐を貼付して、胸元・左腰部の2カ所に結び紐が表現される。外面全体に縦および斜め方向のハケメ調整がよく残る。襟・衽等の表現は見られないが、身頃の頸廻り部分は粘土紐を薄く延ばして成形され、ナデ調整で仕上げて布端部を表現する。なお、引合部分下端は明らかに他の裾部より長く表現されており、裾部分は水平ではない可能性が高い。下縁は全周する横方向の沈線が一定幅を区画し、覆輪等が表現されていると考えられる。それ以外の全面には、上向きの2重弧線で多段の文様を施す。肩幅34.8cm、腰部14.9cm、下縁部幅約34.2cm。なお、左腰部分には、下端部分は残存しないが、二股に分かれる紐状部分を巻きつけて垂下させた略円筒形と扁平な矩形の提げ物の表現がある。残存高4.7cm、円筒形径1.2cm、矩形幅2.6cm。

　文様の範囲は、前面側は乳房部分以下で、背面側は上縁まで施される。復原部分が多く、またしばしば弧線頂部から次段の弧線が始まるために各段は明瞭に揃わないが、正面側・背面側ともに各頂部の高さで10段が復原される。文様下端が揃う裾部分では、引合部分から反時計周りに7単位確認することができる。文様は規模に著しい差があり、描かれるスペースによって大小が決定されたとみられる。なお、しばしば頂部が途切れて沈線が重複する部分がある。切り合い・重複関係から、①横方向沈線→②弧線文様最下段→③弧線文様第2段以上の順で、文様は下方から上方へ施される。

　紐　上下2カ所の紐表現は、粘土紐を板押しナデで貼付して成形する。比較的遺存する下段結び目は、復原幅7.2cm、高3.0cm。

　乳　房　粘土塊を貼付し、周辺まで丁寧にナデ調整を施して胴部と一体化させて仕上げられる。復原高3.5cm。

　腕　部　棒状粘土の基部を胴部両脇部分に差し込んで成形する、いわゆる中実技法で製作される。両腕部とも、両肩部分とともに比較的良好に遺存する。上腕・前腕部は直線的に造形され、脇部で曲がる基部に粘土板を被せ

て肩部分が成形される。全長約26cm。

　手部分は、前腕部から連続して扁平な楔形に成形する。これに親指を前方に向け、他は下方を指すように5本の指を粘土紐で成形し、全体はナデ調整で仕上げられる。左手残存長5.4cm、親指部分長2.5cm、同径1.0～1.8cm。右手残存長7.2cm、人差し指長3.0cm、同径0.9～1.5cm。手首部分には、粘土粒を圧着して小玉で構成される手玉を表現する。この腕軸部に板状粘土を被せて肩部分とともに、縦方向のハケメで整形して筒袖を表現する。手玉部分は、ほとんど袖口部分に隠される位置に貼付される。粘土粒径3.4～4.5cm。製作工程は切り合い・重複関係から、①腕部分：成形→②手・指部分：成形と整形→③手首部分：手玉を圧着→④筒袖部分：成形と整形である。

（3）下半身 ［PL11・15～17］

　裳　部　裾拡がりに緩やかに開く裳を表現する。縦横の沈線で囲まれた縦長の区画を廻らしており、高句麗壁画古墳や高松塚古墳の壁画(4)に描かれた女性像のように、継ぎ接ぎ技法を用いた裳を身に着けた状況を表現しているとみられる。器台部上端から粘土紐を巻上げ技法で截頭円錐形に成形し、内面はナデ調整された後、左上がりの斜め方向ハケメ調整で整形される。下半部に若干接合痕を残す。裳部分下端から1～2cm内面上方で器台部上端と接合し、逆V字形の間隙には補強粘土が詰められ、断面形はほぼ三角形を呈する。また、裳部分上端は上着裾部下端とほぼ同じ高さから、内面を屈曲させてほぼ垂直に巻上げられ、上着部分の下半部内面と接合させる。裾部と比較して少量の補強粘土を施す。

　外面は縦および斜め方向のハケメ調整のあと、下縁に全周する横方向の沈線を施した後、縦方向の沈線で分割する。区画は欠失部を含め、27単位が復原される。上端は横方向の沈線で画されるが、背面側に二重になる箇所が8区画以上続き、左面側では一部三重となる箇所もある。いずれも上位の線がナデ消されており、区画の高さを低減させるために、1～2度引き直された痕跡と考えられる。なお、同じ背面側の右面側では、区画下半部に横方向の浅い沈線がみられる。区画は幅2.6～6.3cm、最大高13.0cm。沈線の切り合い関係は、①下縁：横方向の沈線→②縦方向の沈線→③上半部：横方向の沈線である。

（4）器台部 ［PL11・17］

　円筒部　わずかに上方に開く円筒形で、両側面に円形透孔が一対設けられる。裳裾部分との境界と低位に突帯を巡らせた1段構成である。外面に縦方向のハケメを施した後、突帯が横ナデで設定される。内面は粘土紐巻上げの後、ナデ調整され、上半部はさらに斜め方向のハケメで調整が施される。上位突帯下で径32.3cm、底部径26.0cm、突帯間は29.5～30.2cm、右側面の透孔径4.8cm。

　また、基底部から縦方向に4カ所亀裂がある。正面側3カ所と左側面1カ所の基底部・突帯には亀裂を横断する強いナデ調整が施される。本埴輪には見られないが、亀裂上端に刺突が施される例もあり、いずれも焼成以前の乾燥中に生じた亀裂を補修した痕跡と考えられる。

2．遺存状況

　解体の結果、全体は95個の破片に分割された。また、同一個体と考えられた破片6個と合わせて、計101個の破片から構成される［PL8・9上段］。

（1）頭部

　顔面・頸部　大きな欠損部分は見られないが、頸部右側部分とうなじにあたる部分は、頭部本体から断裂する。また、髻基部にあたる額部に大きな剥離が認められる。鉢巻の上下端部、目の周囲、眉間・鼻頭部分には小さな

傷が残される。

　髻　全体の60％程度が遺存する。後頭部と一体化した部分が概ね完存する一方、髪帯が表現された頭頂部より前方の部分は、正面左右の端部以外の部分を欠失する。

　耳飾　右側に顕著な欠損は認められないが、左側耳環の正面側に剥離が見られる。

　頸飾　本来は、頭部を全周していたものとみられるが、胴部破片に伴う右側から背面にかけて以外の部分は欠失する。

（2）上半身

　上衣　残存率がきわめて低く、右側面の大半を欠く。まとまって遺存する部分は、右胸部から右肩部分、左肩背面から左脇部分、背面・腹部および上衣の裾部分に限られる。多くの破片は、縁辺が著しく摩耗しており、密着して接合する例に乏しい。また、背面側の腰部周辺は、とくに器面が摩耗している。辛うじて沈線で表現された上衣の魚鱗文が認められるが、ハケメの観察を困難にしている。

　乳房　右側乳房部分は破片が上下に分割されるが、おおむね遺存といってよい。一方、左側乳房の破片は左側縁を欠き、80％程度が遺存していると判断される。

　紐　粘土紐の圧着が甘く、剥離している部分が大きい。上段の紐部分は、左右の端部を除く約80％を欠失しており、残された部分も剥離痕に過ぎない。下段の紐部分も、右半分の粘土紐が剥がれている。

　腕部　両腕とも肩部分の破片に接続し、基部から指部分までの90％ほどが残存している。ただし、右手部分の親指全部と、両手部分の指先を若干欠いている。このように、腕部自体の遺存状況は良好だが、上衣の袖部分はほとんど失われており、左腕部の背面側以外は、左右ともに樹脂で袖部分を復原している。右腕部は肩部部分を除き袖部分が剥離・欠失する。

（3）下半身

　裳部　細かく破砕されていた上半身に比べると状態がよく、全周しないまでも裾廻りの90％程度が残されている。しかし、正面側から左側面にかけては、大きく破片を失っており、全体としては60％ほどの。遺存率に止まる。また、上半身と同じく背面は、やや器面が荒れており、他の部位に比べるとハケメの観察が難しい。なお、遺存状態が不良な正面側から左側面では、表面に細かい亀裂が多数認められるが、その成因は不明である。

（4）器台部

　円筒部　背面側から左側面にかけて、多くの破片を失っているが、70％ほどの遺存率は保っている。両側面に対となる透孔は、右側が概ね完存するが、左側は上端の一部しか遺存しない。また、上端突帯に細かい多数の亀裂が走り、底部から円頭部中段にも縦方向に4条の亀裂が走る。

註
（1）　遺存状況・ハケメ調整についてはIに同じ。本書第3章II犬木報告参照。
（2）　残存する後半部の左端下面には、外面にも接合痕跡が残る。
（3）　折損部の断面は髪帯幅よりも一回り小さい略方形のため、笄状の結髪用具を表現した可能性がある。
（4）　北朝鮮人民共和国平安南道南浦市・双楹［ソウエイ］塚古墳・水山里古墳、中国吉林省集安・舞踊塚古墳の壁画。奈良県高松塚古墳・西壁女子群像。

第12図　埴輪 盛装女子　実測図（正面）

第13図　埴輪 盛装女子　実測図（背面）

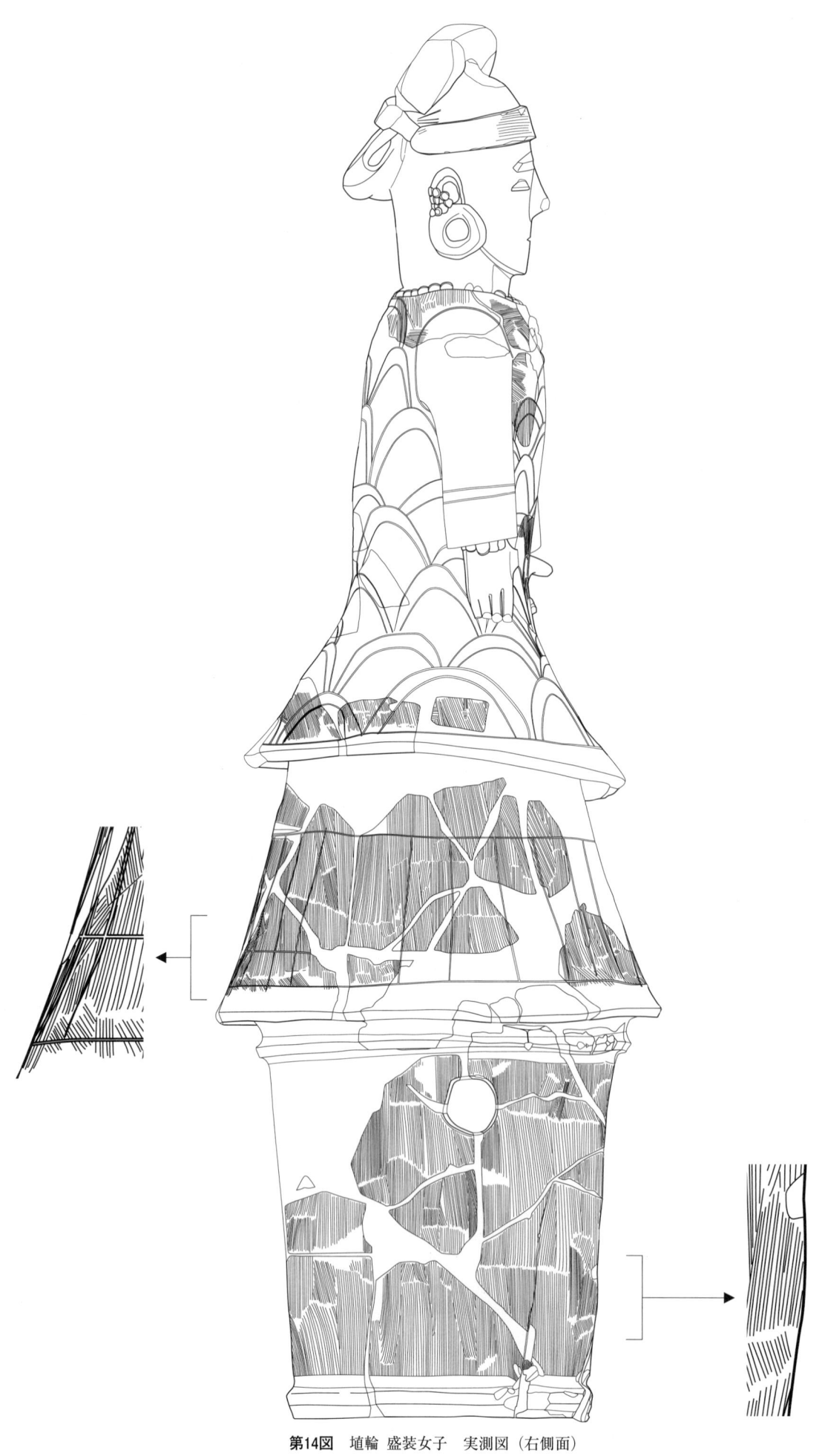

第14図　埴輪　盛装女子　実測図（右側面）

第15図　埴輪　盛装女子　実測図（左側面）

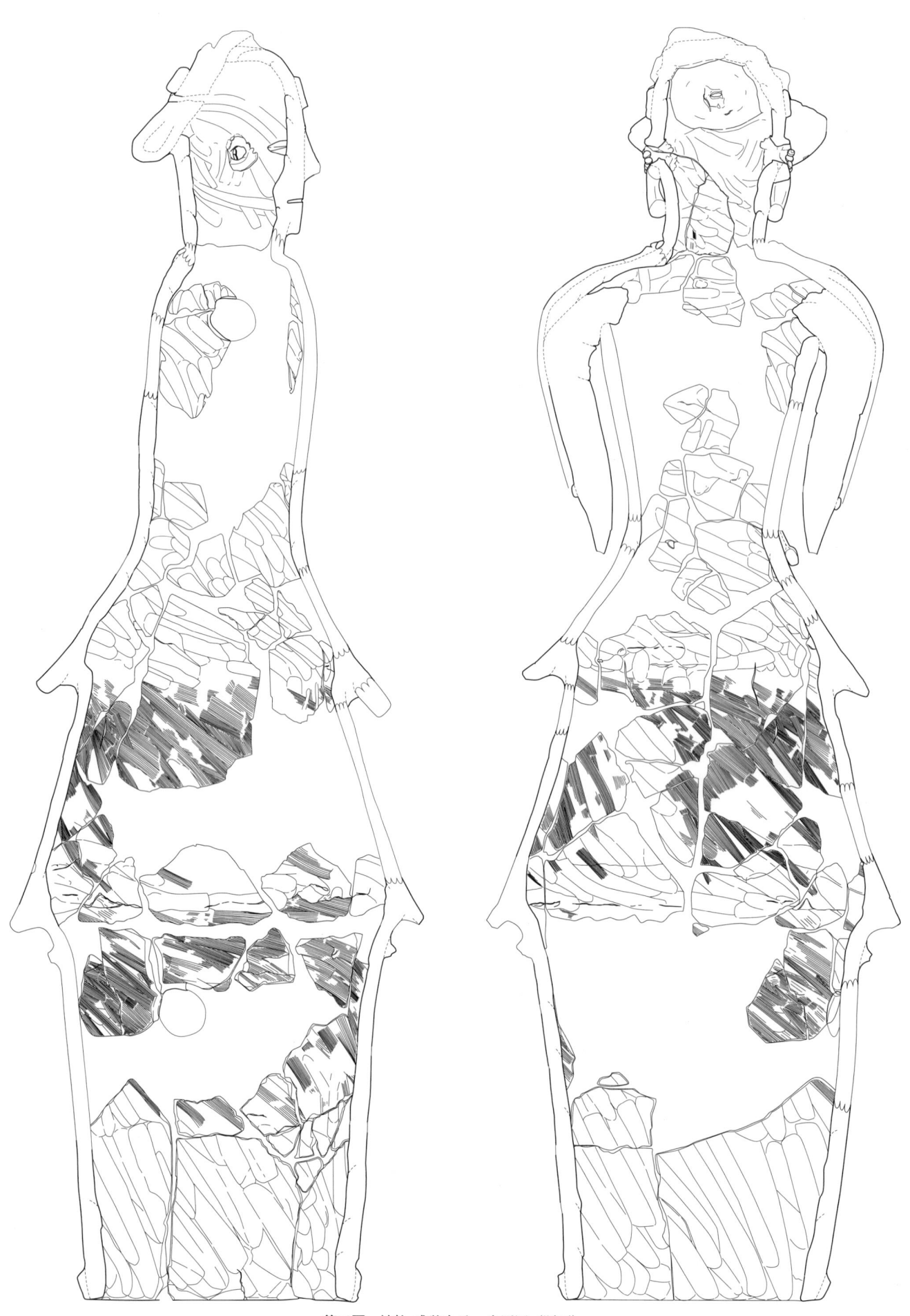

第16図　埴輪　盛装女子　実測図（断面）

Ⅲ　埴輪　盛装男子

　下げ美豆良の髪型に鍔をもつ半球形の帽子を被り、頸飾と両腕に籠手を着け、腰には大刀を佩く姿を表現した盛装男子の人物埴輪である。独特な目の形状と鼻・顎部分も特徴的な形態をもち、美豆良は下端部が板状で逆T字形の特異な形態である。各部の簡素な表現と顔面以外にはハケメ調整痕を顕著に残すなど、独特で特徴的な表現をもつ男子埴輪である。

1．各部の特徴［第17～21図］［口絵13・15・16、PL26～28］

　形象部・器台部からなる本体と、帽子・大刀などの付属具部分を各部位ごとに記述する。外面のハケメについては後述する。[1]

　遺存状況は次節で詳細するが略述すると、頭部全体は胸部と一体化しており、帽子後背部・後頭部の一部および分離する左側美豆良・欠失する右美豆良部分以外は完存する。上半身も左腕部が欠失、右腕部が分離する以外は完存する。腰部は大腿部・脛部とほぼ一体で、大刀の一部を含めて4破片に分割される。いずれも大きく前後に分割される以外は大破片で遺存し、各部の製作当初の形態をよく保存している。器台部は4片に分割されている［PL25上段右・下段］。

（1）頭　部

　帽子　上半部はほぼ半球形で、下半部が円筒形をなす山高帽子状の被りものを表現する。直径11.7cm、高さ10.6cm。鍔部分は断面台形の突帯状をなす。径15.3cm、厚さ1.1cmである。表面は欠損部分が少なく、表面の剝離も部分的であるため、背面部分を除き調整がよく観察できる。全面に横方向および斜め方向のハケメ調整が施され、背面左側部分にはナデ調整が施される。とくに、下半部には連続する横方向のハケメが長く施される。鍔部分は横ナデ調整で、突帯状に貼付した際に施された基部を全周する強い横ナデが帽子・顔面部分のハケメ調整と切り合い関係にあり、先後関係が確認できる。なお、明確ではないが、頂部は粘土紐巻き上げによって塞がれる。

　顔面・後頭部　全体に幅広で、顔面左右側面には下げ美豆良を表現する。帽子部分と同様に明確ではないが、顎部分は下面に略U字形粘土を貼付して成形したとみられる。幅11.5cm。顔面・後頭部ともによくナデ調整されているが、それ以前の調整として額部分にわずかに横方向および斜め方向のハケメの痕跡が残り、後頭部に縦方向のハケメの残存が観察できる。目部分は刀子状工具によって、この地域特有の切れ長の上円半円形に切り透かされる。左右両眼は幅2.7・2.6cm、高さ0.8・1.0cm。鼻部分は鼻孔が表現されない下面をもつ鼻先部のみである。よくナデ調整され、全体は二等辺三角形状をなしていたとみられる。口部分は目部分と同様に薄い杏仁形に切り透かされる。幅1.3cm、高さ0.3cm。

　美豆良　寄贈された左側部分のみ遺存する。逆T字形の簡略な形態をもち、本体部分の剝離面で顔面左側に貼付されている。全長8.3cm、全幅5.7cm、先端・本体部分の厚さは1.5・2.4cm。先端部分は本体に比較してやや薄い断面略長方形で、本体部分は断面略円形となる。先端部分の立方体形粘土に棒状粘土を接合して成形したとみられる。本体部分背面に、基部の補強粘土の接合痕が観察できる。先端部分の前端は方形に整えられるが後端は略半球形である。

― 39 ―

頸　飾　丸玉を表現したと思われる略円形の頸玉が右頸部から正面側に6個、左頸部に2個あり、剥落痕跡から合計10点表現されていたとみられる。粘土粒を貼付し指頭押圧または板押ナデ技法で成形するが、正面中央の一部を除いて上端以外は押し潰された形態をなす。各上端は連続した強い横方向のナデによって整形・固着されている。このため、各玉の下端は下膨らみ状にほぼ半円形に近い形態となる。また、左右頸部の美豆良部分設置付近では頸玉の下端に変形がみられるため、製作の順位は①玉類：成形→②玉類：整形→③美豆良設置と考えられる。なお、各頸玉は中央が大きく左右頸部に向かって順次小規模となるとともに、頸部背面側には剥離等の痕跡がみられず表現されていないので、正面観が重視された構成といえる。幅1.1～1.6cm、高さ1.2～1.6cm。

　　彩　色　帽子部分には非常に薄くではあるが、正面側には赤色顔料による円形の斑点が数カ所確認できる。しかし、左右両側や表面が風化している箇所が多い背面側については、ほとんど観察できない。また、顔面左側部分や右脚部と左裾部においても顔料の残りが非常に良好なため、模様の形状まで観察可能である。

（2）上半身

　　胴　部　上着上半部にあたり、正面側は中央左寄り部分の左前合わせ（左衽）とみられる引合部分付近を除き、全面に縦および斜め方向のハケメが施される。紐部分には、貼付する際の指ナデ調整が施される。背面側も頸部から下方に、正面側と同様にハケメ調整が腰部から肩部方向に向かって施される。肩部幅は約26cm、腰部くびれ部分は左右15.0cm、前後14.8cm。

　　紐　大振りに表現された紐の結目で、粘土紐を板押圧で貼付し、輪郭を強く指ナデで調整する。このため、断面形は略台形である。上段の紐は一部を復原する。完存する下段の紐は、全幅8.7cm、高さ5.0cm。

　　腰　部　上着下半部にあたり、基本的に全面に縦および斜め方向のハケメが施される。正面側の中央部分には横断するように大きく1カ所のみ横方向のハケメが施される。左腰部には大刀部分が貼付されるが、鞘部分の貼付に伴う指ナデ範囲は比較的狭い範囲にとどまる。上着下端は横方向のナデで調整される。左右幅43.5cm、前後幅35.8cm。

　　大　刀　鞘部後半部分を除き、石膏で復原される。鞘部は断面長方形の粘土板で成形される。外面は横方向のナデによって整形し、下面を左腰部に貼付しているが、後端部を除き補強粘土は比較的少ない。鞘部残存長10.5cm、幅4.1cm、厚さ1.0cm、大刀復原24.8cm。

　　腕　部　残存する右腕部は短く、前腕部分に籠手が粘土板で表現される。手甲の粘土紐は大半が剥落し板押ナデ等の技法は観察できないが、剥落状況などからあまり強く貼付されなかったとみられる。現存長12.5cm、籠手部分は幅5.0cm。

　　手　指の表現はみられず、指をまったく表現しないことが特徴である。半円形の手袋状の形態で、全体はナデ調整で仕上げられる。手の甲部分に粘土紐で楕円形の輪郭に格子状に手甲が表現される。手甲部分は幅4.4cm、長さ5.8cm。

（3）下半身

　　脚　部　上半部は、左右脚部分とも半球形に膨らんだズボン状の袴を表現し、膝部分から下方の下半部との境界に紐状の表現の突帯を巡らす。全体に横方向のハケメが施され、一部に1次調整の縦方向のハケメが残存するが、とくに内側によく残存する。上半部の全幅は38.0cm、直径は左脚部で18.8cm。下半部は縦方向のハケメが顕著である。膝部分の突帯に接する位置から下方に拡がる裾部分は、粘土板状で前面から貼付されたとみられる。外側に張り出す裾部分から脚部中位には、さらに下端まで横方向のハケメが施される。とくに右脚部に顕著で、裾部分は最終的に横方向のハケメで整形して形態を整えている。外端部は横方向のナデで調整される。背面側の紐部分の一部が剥離し1次縦ハケが観察できる。全幅は復原値で39.5cm、脚径は右脚部で前後径12.5～15.5cm

である。

沓　部　右脚部分の側面の一部しか残存せず、全体の詳細は不明である。

（4）器台部

円筒部　横方向に長い楕円形で、中位・低位に突帯を巡らせる2段構成である。上段に左右、下段には前後に1対の円形透孔を穿つ。背面側一部に横方向のナデが施されるが、上半部には横や斜め方向のハケメも施される。突帯はハケメ調整の後に、それぞれ通有の横ナデで仕上げられる。残存率の高い中位で、長径31.2cm、短径27.5cm。

天井部　ほとんどが復原で、製作技法・調整等の詳細はわからない。

（5）内面・断面

内面図は人物背面側と同左半身側を見通して作成した。なお、残存状況により、側面図の上半身断面は左半身内面、腰部断面は右腰部内面、脚断面は右脚部内面、器台部断面は左側内面を合成して作成した。

上半身　頭部は、ナデ調整を基本として仕上げられるが、胴部と一体のため詳細は観察できない。胴部は、正面・背面側に横および左上がりの斜め方向のナデ調整が施され、両脇部分は横方向の後、縦方向にナデ調整が加えられる。ナデ調整は幅約1.5cmで、長く施されることが特徴である。また、肩部分には前胴・後胴部にわたるナデ調整が施される。

なお、器壁はほぼ一定であるが、頭部分基部と胴部下半部はやや肥厚し、頭部は厚みが増すようである。また、上腕部分は両腕部とも遺存しないが、両肩部分に腕基部が差し込まれた痕跡とみられる。

下半身　腰部は脚部上半部と一体となり、連続したナデ調整が脚部は縦方向、腰部はやや左上がり斜め方向に施される。一部の脚部股部分にはハケメ調整が残存する。脚部上半部は縦方向のナデ調整が施され、上半部・下半部とも縦方向のハケメ調整は連続すると思われるが、両者の境界では外面の突帯が位置する箇所に、縦方向のナデ調整と切り合い関係をもって、横方向のナデ調整が連続的に施される。なお、上着下端部分にあたる位置に、一部ナデ調整以前の粘土紐巻上げ痕跡が残り、乾燥単位に関係すると考えられる。また、脚部下端部分は右脚部のみであるが、器台部境界部分では横方向のナデ調整が施された後、器台・脚部を連続するナデ調整が施されたことがうかがえる。

器壁は腰部上半部が肥厚気味な他はほぼ一定で、連続的に成形されたとみられる。腰部の上着下端部分は粘土紐で傘状に成形され下面に補強粘土を付加する。

器台部　円筒部に縦方向のナデ調整が連続して施され、基本的に時計回りに全周する。天井部にも連続するが、屈曲部天井側の一部にはナデ調整後に横方向のハケメが観察される。天井部自体がごく一部しか遺存しないが、整形技法の可能性がある。

2．遺存状況

（1）頭　部

帽　子　前面と背面の縁の一部を除き80%程度遺存しており、良好な状態といえる。正面側の鍔部分は一部破損しているが、欠損部は石膏により補修されている。これに対し、背面側の鍔部分は打ち欠いたように大きく壊れ、さらに同様な小欠損破損が周囲にあるため、補修されていない。

顔　面　欠損部分が少なく、大部分が遺存しており、表面の状態も良好である。左側の美豆良部分は基部が石膏で補修されている他は全体が遺存する。なお、右側の美豆良部分は完全に失われており、全体が修理時の復原

である。鼻部分は、上端の輪郭に沿って約1/3が割れるように欠失しているが、残存部が多い。この他は鼻から顎部分にかけてひびがみられる以外には欠損箇所がほとんどなく、80％以上が遺存している。頸部の背面側には齧歯類の歯痕とみられる傷跡が1カ所確認できる。

　頸　飾　8点が遺存するが中央部付近は欠失している。なお、背面には当初から貼付されていなかったとみられる。

（2）上半身

　胴　部　正面側と左右両側の表面は損傷が少ないが、複数の小さい傷がある。背面側は長期間風雨にさらされたためか、中央から上部に剥離や摩耗している箇所や細かい傷、横方向に大きく削られたような痕跡が数カ所みられる。腰部を境として上下に割れるように破損しており、主に正面側は石膏で補修されている。とくに、正面側の裾部分には逆三角形の大きな破損部分があり、反対に背面側の裾部分には縦方向に裂けたような亀裂がある。左右両側および背面側は大きく破損している状態ではなく、腰部の横方向の細い亀裂を石膏で埋めてつなぐ程度である。また、残存する部分の調整はきわめて良好に残る。とくに、左側面は赤色顔料が明瞭に残されている。上着裾の縁部分は左右側面が良好に残存する。正面側中央部分と右側後半部が1/5程度が欠損し補修されている。また、左側背面部分には剥離など欠失している部分が数カ所に確認できる。

　紐　　2カ所のうち、ほぼ完形の下段の紐部分は状態が良好で、赤色の彩色が残る。一方、上段の紐部分は約40％が欠損する。紐部分は丁寧な接着のため欠失する箇所が少なかったとみられる。

　腕　部　両腕部とも脇部分の基部から破損している。右腕部は手甲部分の粘土紐の大部分が剥離している点を除けば約70％が遺存する。しかし、上腕部の50％程度が欠損し石膏で補填されているほか、基部は接合する部分がないため、石膏により復原されている。一方、左腕部は全体が完全に復原であるが、基部の肩部分はナデにより接合した痕跡が観察できる。右肩部分の背面側には、齧歯類の歯痕とみられる横方向の細く鋭い傷が観察される。

　手　　右手部分は全体が良好に残存する。左手部分は左腕部とともに完全に欠失し復原である。

　大　刀　腰部左側に佩いて表現される大刀は大半を欠失しており、上着裾部分に接着する箇所を含めて石膏により復原される。

　以上のように、上半身部は比較的状態がよく、全体的に70％程度が残存する。大刀部分を含めて、胴部・脚部の左側は右側に比べて、腕部や袴裾部分などの本体から突出した部分が欠失している箇所が多い。

（3）下半身

　脚　部　袴部上半部は、まず右脚部は大腿から膝部分にかけて欠失部分が多く、残存するのは全体の20％程度である。それに対し、左脚部は約90％が残っており、一部の剥離を除いて全面的に状態がよく、調整もよく観察できる。袴部下半部は左脚部が約80％残存する。左足首部分から器台部にかけても前面は欠損個所が多く、復原されている。脚部背面には後世の傷が多くみられ、磨滅や剥離が多い。また、両脚部の下半部外側に表現される裾部分は、右脚部は50％程度が残存する一方、左脚部はごく一部が残るのみである。なお、彩色は右脚部と左裾部に掛けて顔料の残りは非常に良好である。

　沓　部　90％以上が失われており、左足部分の側面部分が残るのみである。器台部との接合状態についても不明である。

（4）器台部

　円筒部　二条突帯をもつ低位置突帯の楕円筒埴輪である。一段目は正面と背面に対になるようにして円形透孔

が穿たれ、このうち正面の下部から地面につく基部までが30％ほど失われている。二段目には左右両側面に対になるように透孔があるが、半分以上が復原によるものである。突帯は、正面側と背面側中央部分の一部を欠く以外に大きく破損している部分はみられない。正面側はとくに損傷が激しく、50％以上が失われており、左側面から後部にかけての表面の摩耗・風化が著しい。その一方で、背面側は80％程度が残存し、ほぼ中央部分には縦に亀裂が入るようにして欠損し、石膏で復元されている。

天井部　左右側面部はいずれも透孔を境にして上に載る人物埴輪沓部と接続する部分が大きく欠損している。

註
（1）　本書第3章Ⅱ犬木報告参照。

第2章引用文献
清水和明 1996「東アジアの小札甲の展開」『古代文化』第48号、古代學協會
宮崎隆旨 1983「文献からみた古代甲冑覚え書き―「短甲」を中心として―」『関西大学考古学研究室開設参十周年記念考古学論叢』関西大学考古学研究室

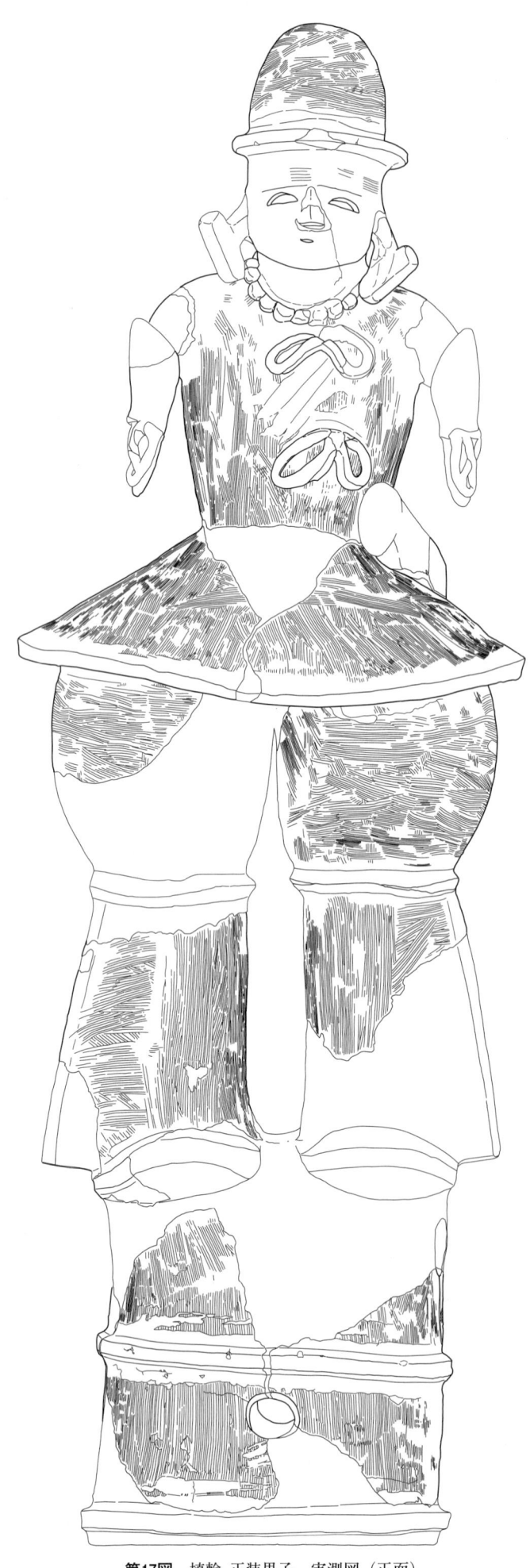

第17図　埴輪　正装男子　実測図（正面）

第18図 埴輪 正装男子 実測図（背面）

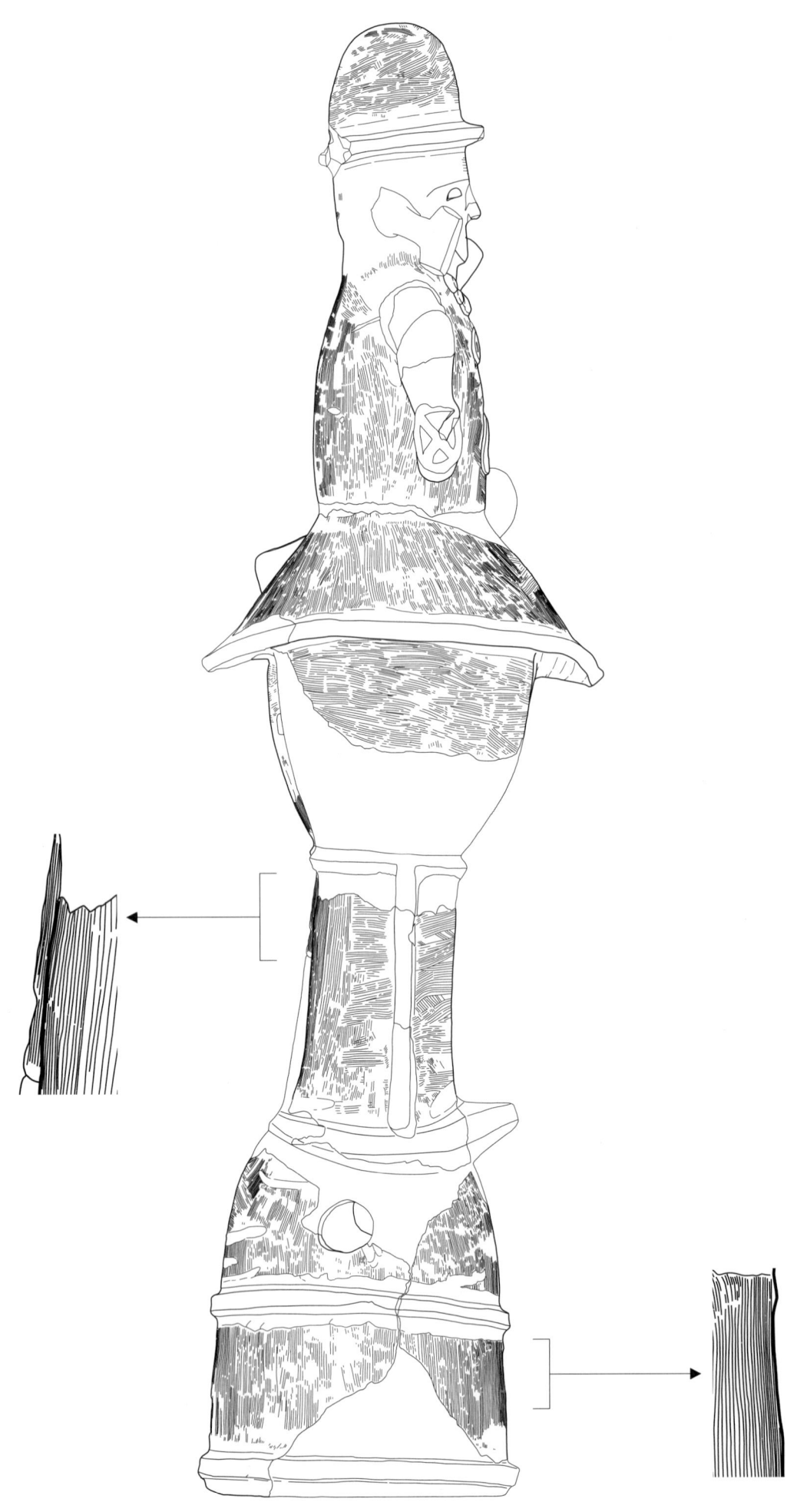

第19図　埴輪　正装男子　実測図（右側面）

- 46 -

第20図　埴輪　正装男子　実測図（左側面）

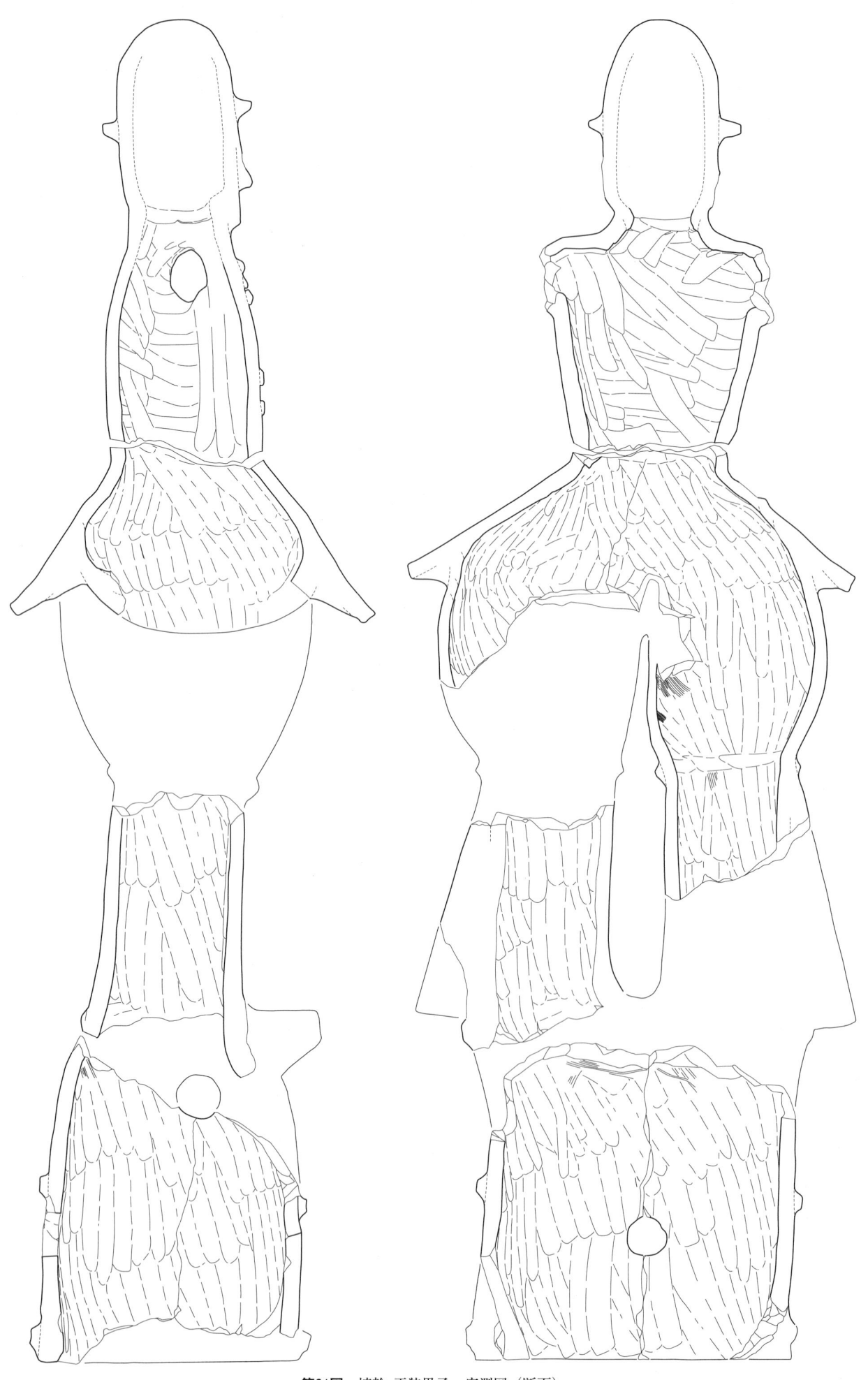

第21図　埴輪 正装男子　実測図（断面）

第3章
考古学的検討

I　人物埴輪の大刀表現に関する基礎的検討

1．はじめに

　人物埴輪研究の方向性の一つは、各人物埴輪の所作や持ち物あるいは服装から職掌や身分を復元（後藤 1942、小林 1960など）し、その成果を埴輪の配置・配列の構造へと反映させ、埴輪群像を読み解く試みといえる（水野 1971、橋本 1980、高橋 1996、若狭 2000、森田 2003、車崎 2004）。これらの研究は埴輪群像やその地域性を読み解く上で非常に重要な成果であることはいうまでもない。たとえば、塚田良道は、人物埴輪の形式分類を行ない、職掌を推定したうえで、埴輪配列にそれを適応し、「ゾーン」という用語で埴輪配列論を展開している（塚田 1996）。

　一方で、人物埴輪に付属する大刀表現に着目してみれば、人物埴輪の形式分類においては、大刀の有無に指摘がとどまる場合が圧倒的に多い。古墳時代における大刀、とくに装飾付大刀の社会的身分表象装置としての役割は、早くから重ねて指摘されている（後藤 1936、桐原 1969、町田 1976、穴沢・馬目 1977、新納 1983、松尾 2003ほか）。人物埴輪に付属する大刀がいかなる実際の大刀をあらわしており、それが、どのような人物埴輪と組み合わさるのかを検討することは、埴輪群像を読み解くうえで重要な作業と考えられる。

　そこで、これらの作業の前提として、本稿では人物埴輪がもつ大刀を分類し、実際の大刀との比較・検討を第一に行なう。そのうえで、人物埴輪がもつ大刀の時間的な変化や、特定の器種との相関関係の有無などについて、若干の考察を行ないたい。

2．従来の研究と問題の所在

　人物埴輪に付属する大刀表現を分析する際に参考にすべき研究は、一つは各種の刀剣そのものの研究であり、いま一つは大刀形埴輪の研究である。刀剣の研究では、大刀そのものの分類研究と各種の大刀のもつ社会的な意義の研究との二つの側面に着目できる。前者は、人物埴輪がもつ大刀のモデルとなった実物の刀剣を考えるうえで不可欠であり、後者は各種の大刀をもつ人物埴輪の埴輪配列上の役割を考えるうえで重要である。

　実物刀剣類の研究では、近年、把頭や把縁、鞘などの構造に着目した研究が進展しており、刀剣類の分類を行なう上で、付随する装具がもっとも有効な属性であることが明らかにされ（菊池 1996、豊島 2007・2008、岩本 2006、細川 2007など）、装具の材質別に検討が詳細に行なわれている。木製装具については置田雅昭による研究（置田 1985）、鹿角装具については小林行雄の研究（小林 1976）が代表であるといえる。装飾付大刀については、各形式について詳細な検討があり、枚挙に暇がない（新納 1982、大谷 1999、深谷 2008、鈴木 2009、橋本 2012ほか）。

　このように実物大刀は装具の材質ごとに精緻な研究があり、材質の特定が必ずしもできるわけではない人物埴輪がもつ大刀について、実物大刀のいずれの形式名を与えるべきか、判断が難しい。今回はひとまず、置田分類A類、鹿角装具第一類、落し込み式A類を鹿角装状刀装具大刀、置田分類B類、鹿角装具第二類、落し込み式B類を楔形把頭大刀、いわゆる頭椎大刀や置田分類C類を頭椎大刀、いわゆる円頭大刀や置田分類D類を円頭大刀としておくこととする。剣装具については、岩本崇と豊島直博による研究に従った（岩本 2006、豊島 2008）。

大刀形埴輪の研究は、浅見恵理によるものが代表である（浅見 2000）。大刀形埴輪を悉皆的に扱い、西日本と東日本との型式的な差異や、モデルになった実物大刀の違いなどを論じている。把頭小口面の平面形態と把頭の縦断面形態に着目し、大刀形埴輪が西日本においては鹿角装状刀装具大刀や楔形把頭大刀が模される一方、東日本においては楔形把頭の大刀を表現したものがほとんどであり、頭椎大刀を表現したものがごくわずかに見出されるとした。

　その一方、人物埴輪に付属する大刀表現に関する研究は、報告書や博物館展示図録等において、個別の事例に関する記載に留まるようである。[3] 個別の事例を扱った論考としては、飯塚武司によるものがある（飯塚 1981）。飯塚は保渡田八幡塚古墳出土の人物埴輪付属大刀を玉纒大刀の忠実模倣品とした。また、石塚久則は、塚廻り古墳群の報告書の中で、大刀形埴輪や人物埴輪の大刀をもつ所作に職掌が現れるとしつつ、塚廻り3号墳出土の倚座像に付属する大刀を玉纒大刀と論じている（石塚 1980）。古谷毅は福島県経塚古墳や熊本県広浦古墳の例をあげ、これらが木装大刀の把装具のB類あるいは鹿角装具第二類にあたることを指摘している（古谷 2001）。

　このように、個別事例に対する研究が進展する一方で、人物埴輪がもつ大刀に関する体系立った分類研究は、管見の限り未だになされていない。それは人物埴輪に付属する大刀が、盛装男子や武人埴輪などの特定器種の付属部分であり、資料数が多いとはいえなかったことに一因がある。検討可能な資料が増加しつつある現在、人物埴輪がもつ大刀について、形式分類を試みることが可能になってきたといえる。

　研究の方法は、まず、人物埴輪がもつ大刀を形式分類する。形式分類の方法は、実物大刀の研究、大刀形埴輪の研究両者で第一に注目される属性である、把頭形態に注目する。把頭形態で分類した後、把縁突起や護拳帯の有無といった諸属性の組み合わせにより類型化を行なう。そして、各類型が実物の大刀のいずれに比定可能なのかを検討する。それらを時系列順に整理し、時期的な変化を検討する。そのうえで、各類型の大刀がどのような人物埴輪に付属するのか、その傾向について検討する。

3．人物埴輪に付属する大刀の分類

（1）把頭形状の分類

　まずは、人物埴輪に付属する大刀の把頭について、その縦断面形状と小口の平面形状とに主に着目し、分類する（図22）。以下の分類名の後ろに「把頭」の語を付すことで、付属大刀の把頭形状を表す。

　楔形Ⅰ類　小口面が平坦面をなす。把頭縦断面は一方の突出度が著しく大きい。把頭から把間へと両辺ともにほぼ直角に接続する。小口平面形は等脚台形状ないし丸みを帯びた五角形状をなす。

　楔形Ⅱ類　小口面が平坦面をなし、小口平面形が丸みを帯びた五角形状を呈する点で楔形Ⅰ類と共通するが、把頭縦断面の上辺と下辺の突出度がほぼ同じである点で異なる。

　楔形Ⅲ類　小口面が平坦面をなし、把頭縦断面の両辺が突出し、一方の突出度がやや大きい点で、楔形Ⅰ類に似る。しかし、把頭から把間まで鈍角をなして接続する点で楔形Ⅰ類と異なる。上辺が緩やかに突出する点も特徴としてあげられる。小口平面形は角張った長楕円形ないし丸みを帯びた五角形状をなす。

　逆台形Ⅰ類　把頭縦断面形状が逆台形をなす。把間から把頭へは両辺ともわすかに突出しつつ接続する。小口平面形は長楕円形をなす。また、小口面に線刻を施す。

　逆台形Ⅱ類　把頭縦断面形状が逆台形をなす点で逆台形形Ⅰ類と似るが、角や辺に丸みを有している点で異なる。また、逆台形形Ⅰよりも「ハ」の字状の広がりが不鮮明で、むしろ長方形に近い。小口平面形は円形をなす。小口面には線刻を施さない。

　逆台形Ⅲ類　把頭縦断面が逆台形状をなすが、平行四辺形気味である点で逆台形Ⅰ類やⅡ類と異なる。把頭が把間部分から突出せずに接続する点もこの類型の特徴である。小口平面形は円形をなす。線刻が施される場合が

図22 人物埴輪付属大刀把頭形状の分類模式図

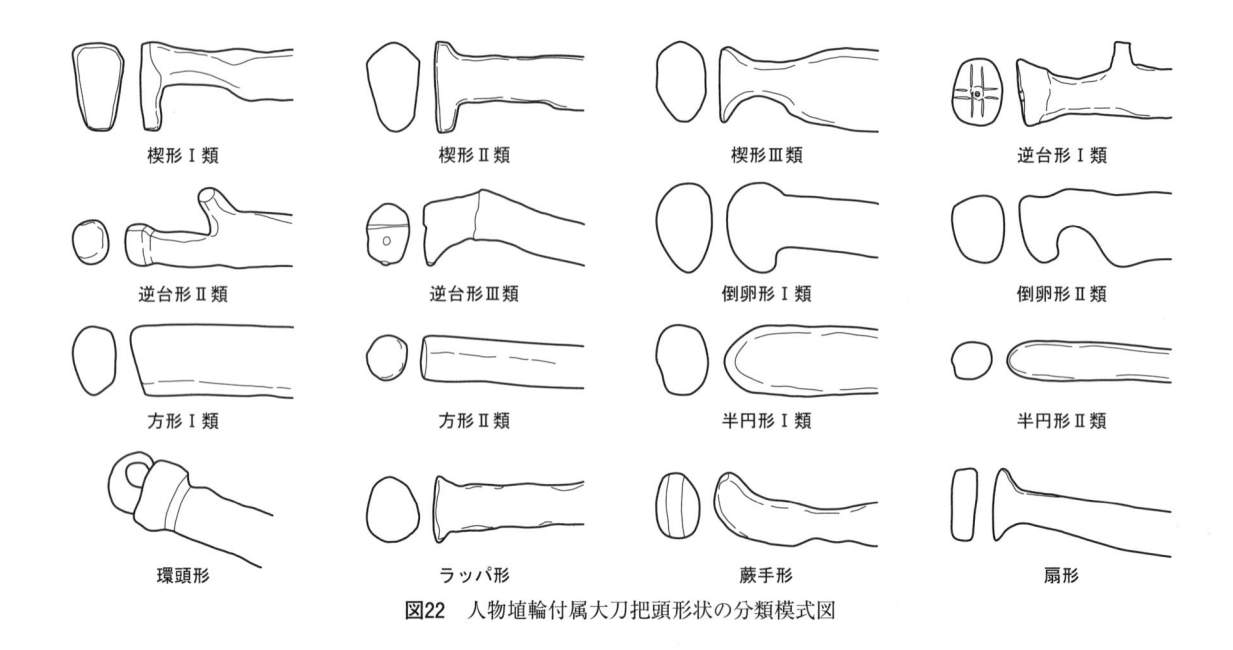

多い。

倒卵形Ⅰ類 小口面が弧状の丸みを帯び、把頭縦断面の両辺も丸みをもって突出する倒卵形をなす。下辺の突出度の方が大きいことが多い。把頭下辺から把間への接続は丸みを帯びるが直線的である。小口の平面形も倒卵形をなす。

倒卵形Ⅱ類 小口面はやや丸みを帯びるが、倒卵形Ⅰ類に比べ明瞭ではない。把頭縦断面の両辺の突出も下辺の突出度が大きいことは共通するが、丸みが弱い。また、把頭下辺から把間への接続が倒卵形Ⅰ類よりもやや緩いことも特徴である。小口平面形は不整円形をなすことが多い。

方形Ⅰ類 小口面が平坦面をなし、把頭縦断面は両辺が突出せずに方形をなす。埴輪に比して太身のつくりである。小口の平面形は長楕円形をなすことが多い。

方形Ⅱ類 小口面が平坦面をなし、把頭縦断面は両辺が突出せずに方形をなす。埴輪に比して細身のつくりである。小口の平面形は円形をなす。

半円形Ⅰ類 把頭縦断面形が半円形をなし、両辺が突出しない。埴輪に比して太身のつくりである。小口の平面形は長楕円形をなすことが多い。

半円形Ⅱ類 把頭縦断面形が半円形をなし、両辺が突出しない。埴輪に比して細身のつくりである。小口の平面形は円形をなす。

環頭形 把頭の縦断面形状が環状をなす。環状部分下部の縦断面は長方形をなし、両辺が把間から同程度突出する。

ラッパ形 小口面が平坦面をなすか、やや凹み、両辺がわずかに突出する。突出度は両辺が等しい。小口の平面形は円形をなす。

蕨手形 把縁から把頭までの縦断面が蕨手状に屈曲するものを指す。

扇形 小口面は平坦面をなし、把頭縦断面の両辺が大きく外側に開き、扇形をなす。小口平面形は丸みを帯びた長方形をなす。

（2）人物埴輪付属大刀表現の分類

上記の把頭の分類に加えて、把縁突起の有無、護拳帯の有無、鍔の有無、把から刀身への接続形態といった属性の組合せにより、人物埴輪に付属する大刀の形態分類を行なう（表1・図23）。鍔の有無については、鍔と、鞘

表1　人物埴輪付属大刀の諸類型

大別形式	細別形式	把頭分類	把縁突起	護拳帯	鍔	柄から刀身までの接続	対応する実物大刀
楔形柄頭Ⅰ形	-a	楔形Ⅰ類	×	○	×	直線	楔形把頭大刀
	-b		×	×	×	直線	
楔形柄頭Ⅱ形		楔形Ⅱ類	×	○	×	直線	
鹿角装Ⅰ形	-a	逆台形Ⅰ類	○	○	×	直線	鹿角装状刀装大刀
	-b		○	×	×	直線	
鹿角装Ⅱ形		逆台形Ⅱ類	○	×	×	直線	
鹿角装Ⅲ形		楔形Ⅲ類	○	×	×	直線	
楔形Ⅲ形		楔形Ⅲ類	×	×	×	直線	
刀子形		逆台形Ⅲ類	×	×	×	やや屈曲	刀子
頭椎形	-a	倒卵形Ⅰ類	×	○	×	直線	頭椎大刀
	-b		×	×	○	直線	
	-c		×	×	×	直線	
倒卵形Ⅱ形		倒卵形Ⅱ類	×	×	○	直線	
方形Ⅰ形	-a	方形Ⅰ類	×	×	○	直線	
	-b		×	×	○	やや屈曲	
	-c		×	×	△	「へ」の字状に屈曲	
方形Ⅱ形	-a	方形Ⅱ類	×	×	×	直線	
	-b		×	×	×	「へ」の字状に屈曲	
半円形Ⅰ形	-a	半円形Ⅰ類	×	×	×	直線	
	-b		×	×	△	「へ」の字に屈曲	
半円形Ⅱ形	-a	半円形Ⅱ類	×	×	△	直線	
	-b		×	×	△	「へ」の字に屈曲	
	-c		×	×	×	直線	
環頭形		環頭形	×	×	×	直線	環頭大刀
ラッパ形	-a	ラッパ形	×	×	×	直線	
	-b		×	×	×	「へ」の字状に屈曲	
蕨手形		蕨手形	×	×	○	直線	蕨手大刀・刀子
剣装具形		扇形	×	×	×	直線	剣（剣装具豊島A類）

凡例：○はあり、×はなし、△は粘土紐の貼付はみられるが、鍔、鞘縁、腰紐などの区別が判然とせず、評価を保留したものを指す。

　縁あるいは大刀を下げる腰紐とを峻別するのが難しい場合があった。今回は細見で突出度が高いものを鍔とし、太く低いものについては、鍔、鞘縁あるいは腰紐の区別を保留した場合がある。また、把から刀身への接続形態は、直線的に接続するもの（図23-1）、やや屈曲して接続するもの（図23-9）、「へ」の字状に屈曲して接続するもの（図23-25）の三種に分類した。以下の類型名の後ろに「付属大刀」の語を付すことで、人物埴輪付属大刀の各類型を表すが、適宜「付属大刀」の語を省略する。また、各類型名の後ろに「大刀が付属」という語を付すことで付属大刀を表すこともある。

　楔形把頭Ⅰ形　把頭分類が楔形Ⅰ類のもの。護拳帯を有するもの（a）と有さないもの（b）とに細分できる。楔形把頭Ⅰ-aは群馬県保渡田Ⅶ遺跡出土例を代表例とする。楔形把頭Ⅰ-bは埼玉県瓦塚古墳例を代表とする。

　楔形把頭Ⅱ形　把頭分類が楔形Ⅱ類のもの。護拳帯を有する。群馬県塚廻り3号墳例を代表とする。

　鹿角装Ⅰ形　把頭分類が逆台形Ⅰ類で、把縁突起を有するもの。護拳帯を有するもの（a）と有さないもの（b）とに細分できる。鹿角装Ⅰ-aは群馬県保渡田八幡塚古墳例を代表とする。鹿角装Ⅰ-bは群馬県古海松塚11号墳例を代表とする。古海松塚11号墳例は、確実に人物埴輪に接合することは確認されておらず、大刀形埴輪ではないが、大刀を模した性格不明のものとされている（関本2002）。しかし、奈良県寺口忍海D27号墳（千賀2008）で、古海松塚11号墳に類似する鹿角装Ⅰ-bが人物埴輪に付属する例が確認できる。古海松塚11号墳例も同様の

- 53 -

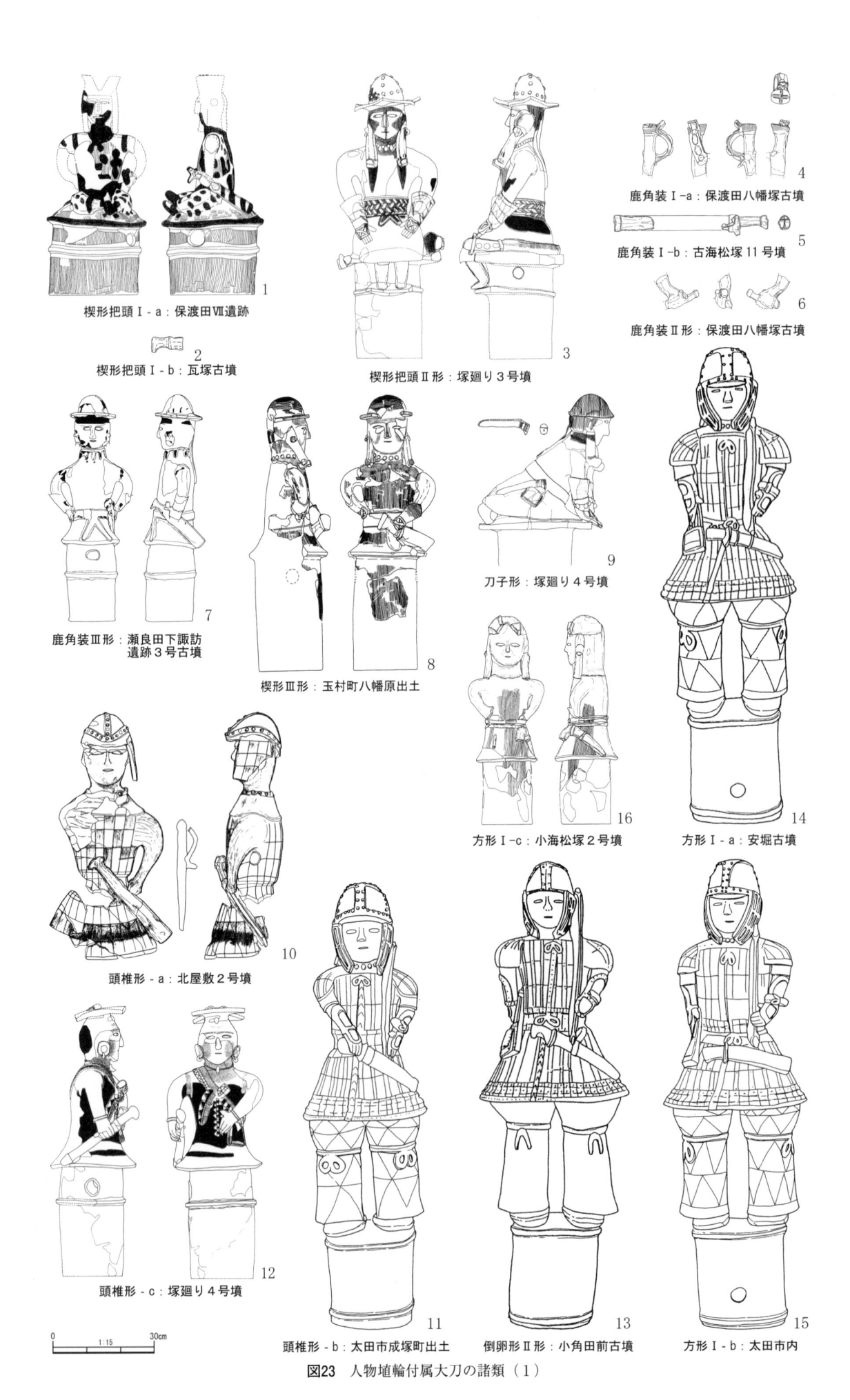

1 楔形把頭Ⅰ-a：保渡田Ⅶ遺跡
2 楔形把頭Ⅰ-b：瓦塚古墳
3 楔形把頭Ⅱ形：塚廻り3号墳
4 鹿角装Ⅰ-a：保渡田八幡塚古墳
5 鹿角装Ⅰ-b：古海松塚11号墳
6 鹿角装Ⅱ形：保渡田八幡塚古墳
7 鹿角装Ⅲ形：瀬良田下諏訪遺跡3号古墳
8 楔形Ⅲ形：玉村町八幡原出土
9 刀子形：塚廻り4号墳
10 頭椎形-a：北屋敷2号墳
12 頭椎形-c：塚廻り4号墳
11 頭椎形-b：太田市成塚町出土
13 倒卵形Ⅱ形：小角田前古墳
14 方形Ⅰ-a：安堀古墳
15 方形Ⅰ-b：太田市内
16 方形Ⅰ-c：小海松塚2号墳

図23 人物埴輪付属大刀の諸類（1）

方形Ⅱ-b：山倉1号墳 18

環頭形：四ツ塚古墳 23

方形Ⅱ-a：綿貫観音山古墳 17

半円形Ⅰ-a：前橋市天川町出土 19

半円形Ⅱ-b：下横場塚原出土（上段大刀）
半円形Ⅱ-b：下横場塚原出土（下段大刀） 20

半円形Ⅱ-a：雷電神社跡古墳 21

半円形Ⅱ-c：綿貫観音山古墳 22

ラッパ形-a：殿部田1号墳 24

ラッパ形-b：城山1号墳 25

蕨手形：殿部田1号墳 26

剣装具形：瀬良田諏訪下遺跡30号古墳 27

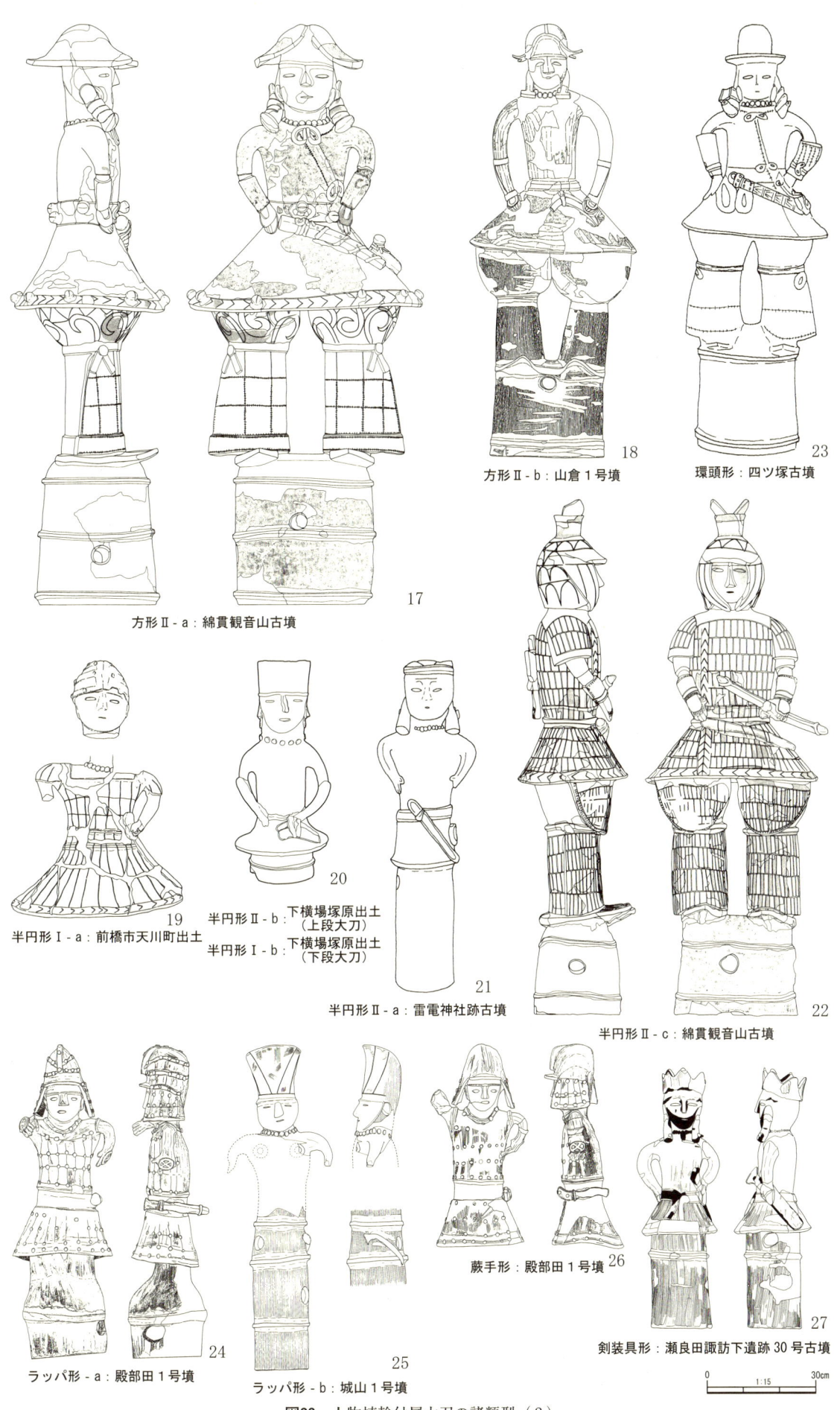

図23　人物埴輪付属大刀の諸類型（2）

- 55 -

性格のものである可能性はきわめて高いと思われ、人物埴輪付属大刀とみた。

　鹿角装Ⅱ形　把頭分類が逆台形Ⅱ類で、把縁突起を有するもの。護拳帯を有さない。群馬県保渡田八幡塚古墳例を代表とする。

　鹿角装Ⅲ形　把頭分類が楔形Ⅲ類で、把縁突起を有するもの。護拳帯を有さない。群馬県太田市世良田諏訪下遺跡3号古墳例を代表とする。

　楔形Ⅲ形　把頭分類が楔形Ⅲ類で、把縁突起、護拳帯を有さない。群馬県玉村町八幡原出土品を代表例とする。

　刀子形　把頭分類が逆台形Ⅲ類で、把から刀身までやや屈曲して伸びるもの。把縁突起を有さない。群馬県塚廻り4号墳例を代表とする。

　頭椎形　把頭分類が倒卵形Ⅰ類のもの。護拳帯を有するもの（a）と鍔を有するもの（b）と護拳帯も鍔も有さないもの（c）とに細分できる。頭椎形-aは茨城県北屋敷2号墳出土例を代表とする。頭椎形-bは群馬県太田市成塚町出土例を代表とする。頭椎形-cは群馬県塚廻り4号墳出土例を代表とする。

　倒卵形Ⅱ形　把頭分類が倒卵形Ⅱ類のもの。鍔を有する。群馬県小角田前古墳出土例を代表とする。

　方形Ⅰ形　把頭分類が方形Ⅰ類のもの。把から刀身までが直線的に伸び、鍔を有するもの（a）、把から刀身までがやや屈曲して伸び、鍔を有するもの（b）、柄から刀身までが「へ」の字状に屈曲するもの（c）とに細別できる。方形Ⅰ-cのうち把縁付近にやや太く、扁平な粘土紐の添付がみられるものについては、鍔、鞘縁あるいは腰紐の区別を保留し、この類型内に含めた。方形Ⅰ-aは群馬県安堀古墳出土例を代表とする。方形Ⅰ-bは群馬県太田市内出土例を代表とする。方形Ⅰ-cは群馬県古海松塚2号墳出土例を代表とする。

　方形Ⅱ形　把頭分類が方形Ⅱ類のもの。把から刀身までが直線的に伸びるもの（a）と把から刀身までが「へ」の字状に屈曲して伸びるもの（b）とに細別できる。方形Ⅱ-aは群馬県綿貫観音山古墳出土例を代表とする。方形Ⅱ-bは千葉県山倉1号墳出土例を代表とする。

　半円形Ⅰ形　把頭分類が半円形Ⅰ類のもの。把から刀身までが直線的に伸びるもの（a）と把から刀身までが「へ」の字に屈曲して伸びるもの（b）とに細別できる。半円形Ⅰ-bには、把縁付近にやや太く扁平な粘土紐の貼付がみられるが、鍔、鞘縁あるいは腰紐の区別を保留した。半円形Ⅰ-aは群馬県前橋市天川町出土例を代表とする。半円形Ⅰ-bは茨城県下横場塚原出土例の下段大刀を代表とする。

　半円形Ⅱ形　把頭分類が半円形Ⅱ類のもの。把から刀身までが直線的に伸び、把縁付近にやや太く、扁平な粘土紐の貼付がみられるもの（a）と把から刀身までが「へ」の字に屈曲して伸び、把縁付近に扁平な粘土紐の添付がみられるもの（b）、鍔を有さず、把から刀身までが直線的に伸びるもの（c）へと細分できる。把縁付近に貼付されたやや太い扁平な粘土紐については鍔、鞘縁あるいは腰紐の区別を保留している。半円形Ⅱ-aは群馬県伊勢崎市雷電神社跡古墳例を代表とする。半円形Ⅱ-bは茨城県下横場塚原出土例の上段大刀を代表とする。半円形Ⅱ-cは群馬県綿貫観音山古墳出土例を代表とする。

　環頭形　把頭分類が環頭形のもの。群馬県四ツ塚古墳出土例を代表とする。

　ラッパ形　把頭分類がラッパ形のもの。把から刀身までが直線的に伸びるもの（a）と把から刀身までが「へ」の字状に屈曲して伸びるもの（b）とに細分できる。ラッパ形-aは千葉県殿部田1号墳出土例を代表とする。ラッパ形-bは千葉県城山1号墳出土例を代表とする。

　蕨手形　把頭分類が蕨手形のもの。鍔を有する。千葉県殿部田1号墳出土例を代表とする。

　剣装具形　把頭分類が扇形のもの。把から刀身まで直線的に伸び、把縁突起、護拳帯、鍔を有さない。群馬県世良田諏訪下遺跡30号古墳出土例を代表とする。

4．大刀表現と実物大刀との比較・検討

　前節で分類したそれぞれの類型が、いかなる実物大刀を模したものであるのか検討したい。楔形把頭Ⅰ形はその形状通り、楔形把頭大刀をモデルとしたものである。護拳帯を表現するもの（楔形把頭Ⅰ-a）としないもの（楔形把頭Ⅰ-b）とが確認できた。楔形把頭Ⅰ形が楔形把頭大刀の忠実模倣と考えられるのに対して、楔形把頭Ⅱ形は楔形把頭を模したものとは考え難い両端が同程度に突出する縦断面形状をなす。その一方で、小口の平面形状は、保渡田Ⅶ遺跡例に似た丸みを帯びた五角形状をなしており、楔形Ⅰ類把頭と共通する。小口平面形を重視すれば、楔形把頭Ⅱ形を楔形把頭大刀を模したものと考えることは十分に可能とみる。楔形把頭Ⅱ形が確認できた塚廻り3号墳が保渡田Ⅶ遺跡よりも後出することから、この差を型式的な変化と捉えることも可能かもしれない。

　鹿角装Ⅰ形はその形態からいわゆる鹿角装状刀装具大刀を模したもので、鹿角装具第一類あるいは木製刀剣装具置田A類を模したものと考えられる。護拳帯を表現するもの（鹿角装Ⅰ-a）としないもの（鹿角装Ⅰ-b）とが確認できる。小口面に線刻を施し、逆台形状の把頭もシャープに製作されており、鹿角装Ⅰ形は鹿角装具第一類の忠実模倣と考えられる。奈良県寺口忍海D27号墳（千賀 2008）ではより忠実な模倣がみられることは注目すべきであろう。その一方、鹿角装Ⅱ形は、把頭小口面の施文の省略がみられることや、稜線などのつくりが甘くなっていることから、鹿角装Ⅰ形を簡略化したものと考えられる。ただし、保渡田八幡塚古墳では両者が併存することから、素材の差を表現したものである可能性もあるかもしれない。

　鹿角装Ⅲ形は、鹿角装具第一類の表現ではあるものの、鹿角装Ⅰ形、鹿角装Ⅱ形からさらに省略が進んだものと考えられる。把縁突起の存在から鹿角装具第一類を模したものであることはうかがえるが、把頭の表現は逆台形というよりもむしろ楔形に近い楔形Ⅲ類であることが特徴である。その要因は定かではないが、モデルとなる大刀の混乱、あるいは埴輪表現への省略化がみられる。

　頭椎形はその形状からみて頭椎大刀をモデルとしたものである。護拳帯を表現するもの（頭椎形-a）と、鍔を表現するもの（頭椎形-b）、護拳帯も鍔も表現しないもの（頭椎形-c）の三種類が確認できる。頭椎形-aは、護拳帯を有する頭椎大刀とみられるが、金属装の装飾大刀では護拳帯が取りつく例は見られず、木製装具C類には護拳帯を装着するための円孔が確認されており、木装の頭椎大刀を模している可能性がある。

　環頭形はその形状通り、環頭大刀を模したものであると考えられる。ただし、これが素環頭大刀なのか、捩り環頭大刀を模したものかは明らかでない。三木文雄はこれを金銅装の素環頭大刀とみる（三木 1967）。蕨手形は形態からみて蕨手大刀を模したものであると考えられるが、この類型の代表例とした城山1号墳の年代が6世紀後半であることを考えると、蕨手刀子と見た方がよいのかもしれない。いずれにしろ蕨手状の刀装具を模している。剣装具形は、その把頭形態から剣装具を模したものと思われる。把頭形態は岩本による無段対称型、有段対称型（岩本 2006）や、豊島による剣装具分類A類（豊島 2008）に似る[4]。

　逆台形Ⅲ類把頭をもつ刀子形には、鞘部上半部に連続した刺突文が施されることがしばしばあり、革製の鞘を表現したものとみられる。また、この類型は他の付属大刀に比べ、刀身の長さが短いことも特徴の一つである。これらを考慮して、刀子形を刀子を模したものと判断した。また、小口面に施された線刻は、この刀子が鹿角装であったことをうかがわせる。代表例とした群馬県塚廻り4号墳例では、報告書中では刀子とされている（石塚ほか 1980）。あるいは、大日山35号墳の例（仲原編 2013：報告書図5-11・4）なども刀子である可能性が考えられる。

　上述の11の類型については比較的忠実な模倣がなされていることと、模倣対象の実物大刀の把頭が特徴的な形態をしているため、実物の資料との比定が可能であった。次に、実物との対比がやや困難な資料について、実際のいかなる大刀がモデルとなっているのか、その可能性を探ってみたい。

楔形Ⅲ形と倒卵形Ⅱ形は、小口縦断面が平坦面をなすか、やや丸みを帯びるかという違いがあるものの、形態的な差異はこの一点といってもよく、類似度が高い。したがって、この差異が、粘土の特性に由来するものであるのか、厳密なモデルの違いに由来するものであるのか、判然としない。したがって、今回は、楔形把頭大刀もしくは頭椎大刀のいずれかを模したものと言及するにとどめておく。

　方形Ⅰ形や方形Ⅱ形は、長方形状、あるいは若干丸みを帯びた長方形状の把頭形状をなしており、実物の大刀では該当する例を確認できなかった。方形Ⅰ-aと方形Ⅰ-bには鍔の表現がみられる。把頭に装飾を有さない実用的な大刀を模したものである可能性も考えられるが、詳細は不明である。半円形Ⅰ形、半円形Ⅱ形は半円形の把頭形状をなしており、円頭大刀や圭頭大刀、方頭大刀あるいは把頭に装飾がない実用的な大刀をモデルとしたものと考えられるが、いずれを表現したものか判然としない。刀身を太く表現するもの（半円形Ⅰ-a）と細く表現するもの（半円形Ⅱ-a・半円形Ⅱ-c）とがある。これらの類型には、明確な鍔の表現は今回確認できなかったが、半円形Ⅱ-aでは鞘縁付近にやや幅広で扁平な粘土紐を貼付する（図23-21）ことには注意が必要である。鍔の典型的な表現（図23-14）とは明らかに形態的な差異があり、鞘縁金具あるいは腰紐の表現とみておきたいが、確言は難しい。また、ラッパ形にひらく把頭形状で小口平坦面が円形をなすラッパ形-aの付属大刀表現が、いかなる実物の大刀をモデルとしたものかも不明である。

　その一方で、各類型内でしばしばみられる「へ」の字状に屈曲する大刀表現については、そもそも実際の大刀にこのような屈曲をなすものが確認されておらず、埴輪独特の表現といわざるをえない。この大刀表現は方形Ⅰ-c、方形Ⅱ-b、半円形Ⅰ-b、半円形Ⅱ-b、ラッパ形-bでみられるが、把頭形状に注目してみても、そのモデルを確定することは困難である。例外として、方形Ⅱ-bの代表例として扱った千葉県山倉1号墳の刀剣表現は、長さが著しく短小であり、その形態からも刀子である可能性が考えられる[5]。

5．人物埴輪付属大刀の変遷と人物埴輪各器種との組み合わせ

　人物埴輪付属大刀の分類と実際の大刀との対応関係を整理したところで、人物埴輪付属大刀の表現が時期ごとにいかなる変化をみせるのか[6]、また、各類型の大刀がどのような人物埴輪に付属するのかに関して、資料が豊富な群馬県を中心にして論じてみたい（表2）。

　5世紀後半では、楔形把頭Ⅰ形及び鹿角装Ⅰ形、鹿角装Ⅱ形がみられ、楔形把頭大刀と鹿角装状刀装具大刀のみが表わされる。古海松塚11号墳は、人物埴輪付属大刀の群馬県内での最初期の事例といえ、鹿角装Ⅰ-b付属大刀が確認できる。保渡田八幡塚古墳では、楔形把頭Ⅰ-aと鹿角装Ⅰ-a、鹿角装Ⅱ形の付属大刀がみられる。しかし、それぞれがいかなる人物埴輪の器種に付属するのか判断できるほど復元できる人物埴輪はなく、器種不明の半身立像に鹿角装Ⅰ-a大刀が付属することがわずかにわかる程度である。やや時期の先行する保渡田Ⅶ遺跡では、胡坐像の男子に楔形把頭大刀を模した楔形把頭Ⅰ-a大刀が付属する。また、5世紀後半とされる高崎市八幡原出土例では、胡坐像の盛装男子に鹿角装Ⅰ-a大刀が付属する。把頭を欠くが、把縁突起と護拳帯を有することから鹿角装Ⅰ-a大刀であるとみて、まず間違いなかろう。胡座像の盛装男子に楔形把頭Ⅰ形と鹿角装Ⅰ形の両者が使用されており、器種不明ではあるが半身立像に鹿角装Ⅰ-a大刀が付属することは、特定器種に対する付属刀剣の選択が横断的であったことをうかがわせるものといえる。換言すれば、人物埴輪の器種を横断して、これらの大刀が表現されていたといえる。

　6世紀前半から中葉では、楔形把頭Ⅰ-a、楔形把頭Ⅱ形、鹿角装Ⅲ形、楔形Ⅲ形、刀子形、頭椎形、頭椎形-c、方形Ⅰ形、方形Ⅱ-a、環頭形、剣装具形が確認でき、楔形把頭Ⅰ形と鹿角装Ⅰ形に限定されていた5世紀後半と比べて、確認できる付属大刀の種類が増える。楔形把頭大刀（楔形把頭Ⅰ-a・楔形把頭Ⅱ形）、鹿角装状刀装具大刀（鹿角装Ⅲ形）の表現に加えて、新たに頭椎大刀（頭椎形）、環頭大刀（環頭形）、剣（剣装具形）などの表現

が加わる。ただし、塚廻り4号墳で確認される方形Ⅱ-aは、刀子形と同様のサイズで、鞘部に刺突による革綴表現がみられることから、刀子と判断できる。刀剣類にあたらないことには注意が必要である。

盛装男子には、楔形把頭Ⅰ-a、楔形把頭Ⅱ形、鹿角装Ⅲ形、楔形Ⅲ形、刀子形、頭椎形、方形Ⅰ形、環頭形、剣装具形が付属し、楔形把頭大刀、鹿角装状刀装具大刀、頭椎大刀、環頭大刀、剣、刀子といった多様な刀剣類をもつことがわかる。塚廻り3号墳の倚坐像は楔形把頭Ⅱ形の大刀をもち、4号墳の跪坐像は刀子をさげる。また、前橋市出土の弾琴盛装男子倚坐像は頭椎大刀（頭椎形）をもつ。6世紀前半から中頃の群馬県外の事例をみると、埼玉県白山2号墳（若狭・内田 2000）では楽坐で琴を弾く盛装男子に鹿角装状刀装具大刀（鹿角装Ⅰ形）が付属する事例が確認できる一方で、埼玉県瓦塚古墳出土の弾琴盛装男子楽坐像は、頭椎大刀（頭椎形-c）をもつ。瓦塚古墳では他に、付属する器種は不明であるが、楔形把頭大刀（楔形把頭Ⅰ-b）が確認できる（杉崎ほか1986）。他方、盛装男子立像には、鹿角装状刀装具大刀（鹿角装Ⅲ形）、頭椎大刀あるいは楔形把頭大刀を模した楔形Ⅲ形、剣装具A類の剣（剣装具形）、環頭大刀（環頭形）、実用的な刀剣とも考えうる方形Ⅰ形大刀が付属する。胡坐、倚坐、跪座など特別な姿態をみせる盛装男子には、楔形把頭大刀や頭椎大刀などが付属する傾向がみられるが、立像との間に厳格な差異が見出せるわけではない。

一方、多様な大刀を有する盛装男子に対して、武人埴輪には頭椎形-c（頭椎大刀）とみられる大刀や逆台形Ⅱ類とみられる把頭をもつ大刀が付属する。確認できた事例自体が多くなく、モデルとなった実物大刀が想定できる資料も頭椎形以外にみられないため、様相が判然としない。参考として、畿内地域に目を向ければ、今城塚古墳では、楔形把頭Ⅰ形（楔形把頭大刀）と鹿角装Ⅰ形（鹿角装状刀装具大刀）が確認でき、武人埴輪は楔形把頭大刀（楔形把頭Ⅰ-a）をもつらしい（鐘ケ江編 2004）。今城塚古墳における人物埴輪付属大刀が、楔形把頭大刀と鹿角装状刀装具大刀に限られ、盛装男子にも大刀が付属すると仮定できるならば、盛装男子と武人とで器種別の差異がみられない可能性があることは見過ごせない点である。6世紀前半の群馬県域では、武人埴輪に伴う人物埴輪付属大刀の類例は決して多くなく、器種別の差異が存在するか否かについては、なお検討の余地があるといえる。また、塚廻り4号墳出土の盛装の女子は頭椎形-c（頭椎大刀）を手に持つ。このように、器種別の差異は判然としないものの、模倣される刀剣類の種類の増加が6世紀前半から中頃の特徴といえる。

6世紀後半では、頭椎形-b、頭椎形-c、倒卵形Ⅱ形、方形Ⅰ-a、方形Ⅰ-b、方形Ⅰ-c、方形Ⅱ-a、方形Ⅱ-b、半円形Ⅰ-a、半円形Ⅱ-a、半円形Ⅱ-cが確認できる。楔形把頭Ⅰ形（楔形把頭大刀）や鹿角装Ⅰ形（鹿角装状刀装具大刀）の表現はみられなくなり、頭椎形（頭椎大刀）やその他の表現が盛行する。盛装男子、武人ともに頭椎形、方形Ⅰ形、方形Ⅱ形、半円形Ⅰ形、半円形Ⅱ形の大刀が付属し、器種別の差異はみられない。模倣される大刀が頭椎大刀や円頭大刀などへと種類が変化することと器種別の差異が認められないことが特徴である。

群馬県域における人物埴輪付属刀剣の時間的な変遷をまとめれば以下のようになる。5世紀後半には楔形把頭大刀と鹿角装状刀装具大刀を模したもののみがみられたが、6世紀前半には、これらに加えて、頭椎大刀、環頭大刀、剣装具A類を装具とした刀剣など、モデルとなった刀剣の種類の増加が認められた。しかし、6世紀後半になると、楔形把頭大刀と鹿角装状刀装具大刀はみられなくなり、頭椎大刀や、方形Ⅰ形、方形Ⅱ形、半円形Ⅰ形、半円形Ⅱ形のような円頭大刀あるいは装飾を有さない実用的な大刀などを模した可能性がある大刀へと、モデルとなる大刀が変化する。

6．人物埴輪付属大刀と大刀形埴輪

このように人物埴輪付属大刀の種類は時期ごとに変遷するが、その推移は古墳時代中期から後期にかけて盛行する多様な実物大刀の変遷と概ね一致するとみられる。またその中に、後期古墳文化において、一般に副葬品として重視される龍鳳環頭大刀を模したとみられる人物埴輪付属大刀が今回確認できなかったことは注目できよ

表2 群馬県における人物埴輪付属大刀の時期的変遷

番号	時期	遺跡名	大刀分類	実物大刀・備考	個体番号	器種
1	5世紀中頃から後半	古海松塚11号墳	鹿角装Ⅰ-b	鹿角装状刀装具大刀	報46	―
2			鹿角装Ⅰ-b	鹿角装状刀装具大刀	報47	―
3	5世紀後半	保渡田Ⅶ遺跡	楔形把頭Ⅰ-a	楔形把頭大刀	報第26・27図人物1	盛装男子
4			―	把頭欠損・鞘に刺突から刀子か	報第29図人物4	狩人
5			―	刀身部のみの遺存	報第35図人物16	武人
6		保渡田八幡塚古墳	楔形柄頭Ⅰ-a	楔形把頭大刀	報199図-39	―
7			楔形柄頭Ⅰ-a	楔形把頭大刀	報190図-31	―
8			鹿角装Ⅰ-a	鹿角装状刀装具大刀	報199図-38	―
9			鹿角装Ⅱ形	鹿角装状刀装具大刀	報図198-31	―
10		高崎市八幡原出土品	鹿角装Ⅰ-a	把頭欠損・鹿角装状刀装具大刀	報307・308図	盛装男子
11	6世紀前半	塚廻り3号墳	楔形把頭Ⅱ形	楔形把頭大刀	報3057	盛装男子
12			楔形把頭Ⅱ形	楔形把頭大刀	報3058	盛装男子
13		塚廻り4号墳	楔形把頭Ⅰ-a	楔形把頭大刀	報第188図・大刀C	盛装男子
14			刀子形	刀子	報4290	盛装男子
15			刀子形	刀子	報181図・刀子B	盛装男子
16			頭椎形-c	頭椎大刀	報4299	盛装女子
17			方形Ⅱ-a	刀子	報181図・刀子A	男子
18		世良田諏訪下遺跡3号古墳	鹿角装Ⅲ形	鹿角装状刀装具大刀	報第64図	盛装男子
19		高塚古墳	(頭椎形-c)	(頭椎大刀)	pp.64・2	武人
20		上芝古墳	(逆台形Ⅱ類把頭か)		pp.115・66	武人
21		朝倉町古墳	頭椎形	頭椎大刀	pp.68・74	弾琴子
22		大泉町古海出土品	方形Ⅰ形		pp.2・6	盛装男子
23		世良田諏訪下遺跡30号古墳	剣装具形	剣装具	報第192図	盛装男子
24	6世紀中葉	玉村町八幡原出土品	楔形Ⅲ形		報第7図	盛装男子
25		四ツ塚古墳	環頭形	環頭大刀	pp.13・5	盛装男子
26	6世紀後半	太田市飯塚町出土品	頭椎形	頭椎大刀	本報告資料	武人
27		太田市成塚町	頭椎形-b	頭椎大刀	pp.13・4	武人
28		小角田前古墳	倒卵形Ⅱ形		pp.13・1	武人
29		安堀古墳	方形Ⅰ-a		pp.43・48	武人
30		太田市内出土品	方形Ⅰ-b		pp.13・2	武人
31		古海松塚2号墳	方形Ⅰ-c		報第28図	盛装男子
32		内堀M-4号墳	方形Ⅰ-c	下段大刀	報Fig.18人物A	盛装男子
33			方形Ⅱ-b	上段大刀		
			方形Ⅱ-a		pp.67・67	盛装男子
34			半円形Ⅱ-b		報Fig.20人物G	―
35		雷電神社跡古墳	(方形Ⅱ-aか)		博武13	盛装男子
36			半円形Ⅱ-a		pp.44・54	盛装男子
37		天川町出土品	半円形Ⅰ-a		pp.68・73	武人
38		今井神社2号墳	半円形Ⅱ-a	刀身部が屈曲、先すぼまり	報100	狩人
39			半円形Ⅱ-a	刀身部が屈曲、先すぼまり	報101	狩人
40		綿貫観音山古墳	―	把頭欠損	報1449	盛装男子
41			方形Ⅱ-a		報1463	盛装男子
42			方形Ⅱ-b	刀子とされる	報1623	―
43			方形Ⅱ-b	刀子とされる	報1601	―
44			半円形Ⅱ-c		報1515	武人
45			半円形Ⅱ-a		報1498・1497	盛装男子
46			半円形Ⅱ形	1446より小形・刀子とされる	報1445	靫負う人
47			半円形Ⅱ-a		報1446	靫負う人
48		佐波郡赤堀村出土品	頭椎形-c		博56	盛装男子
49	〔6世紀後半〕	太田市脇屋出土品	半円形Ⅱ-a		博89	農夫
50		藤岡市白石出土品	半円形Ⅱ-a		博58	盛装男子
51	6世紀後葉	伊勢崎市波志江町出土品	半円形Ⅱ-a		pp.45・78	盛装男子
52	6世紀	伊勢崎市赤堀地区出土品	頭椎形	頭椎大刀	pp.45・66	武人
53		藤岡市上落合出土品	頭椎形	頭椎大刀	pp.133・46	武人
54		群馬県内出土品	方形Ⅱ-a		博(3)	鷹匠
55		伊勢崎市豊城町出土品	半円形Ⅰ-a		pp.45・68	盛装男子
56		上武士天神山古墳	半円形Ⅱ-a		博(5)	盛装男子

凡例：×は確実にないもの、―は遺存しない等の理由で確認できないものを指す。（ ）を付したものは他の可能性も考えられるもの。個体番号の埴輪』巻末の重文指定品番号、博武○が『国宝武人ハニワ、群馬へ帰る！』中の番号を指す。

所作	全身／半身	頭	髪型	頸飾	甲	籠手	膝甲/臑当	所在地
―	―	―	―	―	―	―	―	大泉町古海
						―	―	
胡坐像	全身	（冠）	下美豆良・垂髪	×	×	（×）	×	高崎市保渡田町
立像	半身	帽子	―	×	×	―	―	
立像	半身	（眉庇）	（頬当）	×	挂甲			
―	―	―	―	―	―	―	―	高崎市保渡田町
―	―	―	―	―	―	―	―	
立像	半身	―	―	―	―	―	―	
―	―	―	―	―	―	×	―	
胡坐像	全身	冠	下美豆良・垂髪	一重・平玉	×	×	×	高崎市八幡原
倚坐像	全身	帽子	下美豆良・垂髪	一重・平玉・丸玉	×	○	×	太田市龍舞町
（倚坐像）	―	×	振分髪・垂髪			○		
						○		
跪坐像	全身	×	振分髪・下美豆良・垂髪	一重・平玉・丸玉	×	○	×	太田市龍舞町
―	―	帽子	―	―	―	―	―	
立像	半身	×	島田髷	一重・丸玉・勾玉	×	×・腕輪	―	
立像	半身	帽子	下美豆良	×	×	×	―	
立像	半身	帽子	下美豆良・垂髪	一重・（勾玉）	×	○	―	太田市世良田町
立像	全身	衝角	頬当・下美豆良	一重・丸玉	挂甲	○	×	榛東村新井
立像	全身	衝角	頬当・下美豆良	×	挂甲	○	×	群馬郡箕輪町
倚坐	全身	帽子	下美豆良	一重・平玉・丸玉	×	○	×	前橋市朝倉町
立像	全身	冠	下美豆良・耳環	一重・丸玉	×	×	×	大泉町古海
立像	半身	冠	下美豆良	一重・（勾玉）・丸玉	×	×	―	太田市世良田町
立像	半身	帽子	下美豆良	一重・丸玉	×	×	―	玉村町八幡原
立像	全身	帽子	下美豆良・耳環	一重・丸玉	×	○	×	太田市由良町
立像	全身	衝角	頬当	×	挂甲	○	○	太田市飯塚町
立像	全身	衝角	頬当	（一重・丸玉）	挂甲	○	×	太田市成塚町
立像	全身	衝角	頬当	×	挂甲	○	×	太田市世良田町
立像	全身	衝角	頬当	一重・丸玉	挂甲	○	×	伊勢崎市安堀町
立像	全身	衝角	頬当	一重・丸玉	挂甲	○	×	太田市内
立像	半身	×	振分髪・下美豆良	一重・丸玉	×	×	―	大泉町古海
立像	半身	×	振分髪・下美豆良	一重・丸玉	×	（○）	―	前橋市西大室
立像	全身	―	下美豆良	一重・丸玉	×	○	×	
立像	半身	―	―	―	―	―	―	
騎乗	全身	帽子	下美豆良・耳環	一重・丸玉	×	○	×	伊勢崎市東小保方町
立像	半身	鉢巻	下美豆良	一重・丸玉	×	×	―	
立像	全身	衝角	―	一重・丸玉	挂甲	（手甲）	―	前橋市朝倉町
立像	半身	頭巾・鉢巻	耳環	一重・丸玉	×	×・手甲	―	前橋市今井町宮原
立像	半身	―	―	一重・丸玉	×	×・手甲	―	
胡坐像	全身	帽子	下美豆良	一重・丸玉	×	○	×	
立像	全身	×	振分・下美豆良	一重・丸玉	×	○	×	
―	―	―	―	―	―	―	―	
立像	半身	―	―	―	―	―	―	
立像	全身	眉庇	頬当	×	挂甲	○	○	高崎市綿貫町
（立像）	（全身）	―	―	（一重・丸玉）	×	（○）	（○）	
（立像）	（半身）	（帽子・鉢巻）	（美豆良・耳環）	（丸玉）	（×）	（×）	―	
（立像）	（半身）	（帽子・鉢巻）	（美豆良・耳環）	（丸玉）	（×）	（×）	―	
立像	全身	（冠）	下美豆良・耳環	一重・丸玉	×	○	×	佐波郡赤堀村
立像	半身	菅笠	上美豆良	一重・丸玉	×	×	―	太田市脇屋
立像	全身	帽子	下美豆良・耳環	―	×	○	×	藤岡市白石
立像	―	冠	下美豆良	一重・丸玉	×	○	―	伊勢崎市波志江町
立像	半身	衝角	頬当・下美豆良	一重・丸玉	挂甲	○	×	伊勢崎市赤堀地区
立像	全身	衝角	頬当	×	―	○	―	藤岡市上落合
立像	全身	（帽子）・鉢巻	下美豆良	一重・丸玉	×	○	×	群馬県内
立像	全身	（帽子・鉢巻）	（美豆良・耳環）	―	×	○	×	伊勢崎市豊城町
立像	全身	帽子	下美豆良・耳環	一重・丸玉	×	○	×	佐波郡境町

は報○が各報告書での番号、番号のみは『群馬県内の人物埴輪』でのページと図番号、博○は『群馬の埴輪』中の写真番号。博（○）は『群馬

う。

　その一方で、本稿で検討した群馬地域を含む関東地域の大刀形埴輪のほとんどが古墳時代後期を通じて楔形把頭大刀を模しており、西日本地域においてはこれに加えて鹿角状刀装具大刀が模される（浅見 2000）。このような大刀形埴輪のモデルの限定性については、鹿角装状刀装具大刀や楔形把頭大刀といった列島系刀剣が重視された結果、強い選択性が働いたためとして説明されている（古谷 2001）。しかし、人物埴輪付属大刀が時期ごとに変化し、鹿角装状刀装具大刀や楔形把頭大刀に限定されない多様な構成をみせることは、人物埴輪付属大刀のモデル選択の背景が大刀形埴輪とは大きく異なっていたことを示唆している。

　以上のように、古墳時代を通じてモデルが限定され、その性格にもある程度定まった役割が予測される大刀形埴輪に対して、人物埴輪付属大刀は古墳時代中期後半から後期を通じて、その種類を大きく変化させており、非常に対照的な展開をみせることは人物埴輪付属大刀の性格を考える上で重要な特徴であろう。

7．おわりに

　本稿では、人物埴輪に付属する大刀の形態分類を行ない、それぞれのモデルとなった実物大刀との比較・検討を試みた。そして、群馬県域を中心にそれらの時期的な変化を論じ、人物埴輪各器種、各姿態にどういった大刀が付属するのか、その傾向と変遷を概観した。モデルとなった実物大刀の予測や時期的な変遷などについて一定の成果があった一方で、派生する課題も多い。たとえば、各人物埴輪付属大刀がいかなる素材の実物刀剣を模したものであるのかといった課題に明確に踏み込むことはできなかった。また、人物埴輪付属大刀表現の差異により、人物埴輪の各器種に階層の差を見出しうるのかという、埴輪配列の意味を考えるうえでもっとも重要な課題については、各器種と付属大刀との組み合わせを概観するにとどまった。

　しかし、稲村繁が論じているように、男子埴輪の美豆良や女子埴輪の髻といった、人物埴輪の特定器種の特定部位の表現方法に着目することで、その変遷や地域的なまとまり、あるいは伝播過程を明らかにする（稲村 1999）ことができるが、人物埴輪付属大刀表現についても、その地域性や影響関係を抽出できる可能性がある。たとえば、「へ」の字に屈曲する大刀表現は、人物埴輪独特のものであり、有利な材料といえるかもしれない。今後、全国に分析の範囲を拡げることで、時期的変遷を再度議論し、人物埴輪付属大刀表現における地域性の抽出を行なう必要があろう。課題としたい。

註
(1) 人物埴輪に付属する大刀形の土製品のモデルは、刀、剣、刀子など数種類に渡ると思われ、厳密には大刀と限定的に表現すべきではないかもしれない。しかし、一般的に大刀と表現されていることを考慮して、本稿では、刀剣類すべてを含んで人物埴輪付属大刀、あるいは付属大刀ということとする。
(2) 置田分類A類、置田分類B類、置田分類C類、置田分類D類は置田1985、鹿角装具第一類と鹿角装具第二類は小林1976、落し込み式A類と落し込み式B類は豊島2007、頭椎大刀と円頭大刀は高橋1911をそれぞれの典拠とする。
(3) たとえば、『人物・動物埴輪』日本の美術346（亀井 1995）や『群馬のはにわ』（梅沢・原田ほか 1979）などには、人物埴輪付属大刀の実物大刀への比定が多くみられるが、基本的には頭椎大刀と玉纒大刀の二種類への同定がなされている。また、サイズが小さいものについては刀子と記載されることが多い。
(4) しかし、当該の剣装具は古墳時代中期初頭ごろにはほぼ姿を消しており（岩本 2006）、古墳時代後期に属するものである扇形把頭（剣装具形人物埴輪付属大刀）を剣装具とすることには躊躇した。ただ、他に該当する刀剣装具がないことと形態の類似性から剣装具とみた。
(5) 報告書中では小刀とされる（小橋 2004）。
(6) 各資料の時期については、各報告書や『群馬県内の人物埴輪』（群馬県古墳時代研究会編 2006）などで示された年代観に基本的に従った。ただし、『群馬の埴輪』（梅沢・原田ほか 1979）の中で記載された資料の年代については、6世紀末から7世紀初頭とされているものを6世紀後半に変更するといったように、『群馬県内の人物埴輪』（群馬県古墳時

代研究会編 2006) にみられるような今日的な成果から年代観を若干引き上げたものがある。該当箇所には表2で〔〕で囲んだ。
（7） 上芝古墳出土武人埴輪は逆台形Ⅱ類の把頭をもつとみたが、通有の逆台形Ⅱ類と比べて把頭部分が大きく、様相が異なる。把縁突起の有無は右手で把縁付近が隠れており、判然としない。あるいは、別の実物大刀を模したものとして新しい類型となる可能性もある。なお、報告書では頭椎大刀とされているが（福島ほか 1932）、把頭小口縦断面が明瞭に平坦面をなすことから、頭椎大刀ではないと判断しておく。

引用文献

浅見恵理 2000「西と東の大刀形埴輪」『埴輪研究会誌』第4号　埴輪研究会　pp.31-63
穴沢咊光・馬目順一 1977「頭椎大刀試論―福島県下出土例を中心にして―」『福島考古』第18号　pp.89-108
飯塚武司 1981「形象埴輪考　関東出土の器財埴輪の再検討」『生出塚遺跡』鴻巣市遺跡調査会報告書第二集　鴻巣市遺跡調査会　pp.226-234
石塚久則 1980「終章　7．埴輪大刀の検討」『塚廻り古墳群』群馬県教育委員会　pp.392-393
一瀬和夫 1996「二　大刀外装の変化」『金の大刀と銀の大刀　古墳・飛鳥の貴人と階層』近つ飛鳥博物館　pp.74-83
稲村　繁 1999『人物埴輪の研究』同成社
岩本　崇 2006「古墳出土鉄剣の外装とその変遷」『考古学雑誌』第90巻4号　日本考古学会　pp.1-35
梅沢重昭・原田恒弘ほか 1979『群馬のはにわ』群馬県立博物館
大谷晃二 1999「出雲の地域政権と大和政権」『上塩冶築山古墳の研究』島根県古代文化センター　pp.134-148
置田雅昭 1985「古墳時代の木製刀剣装具」『天理大学学報』第145輯　天理大学学術研究会　pp.39-63
鐘ケ江一郎編 2004『発掘された埴輪群と今城塚古墳』高槻市立しろあと歴史館
亀井正道 1995『人物・動物埴輪』日本の美術346　至文堂
菊池芳郎 1996「前期古墳出土刀剣の系譜」『雪野山古墳の研究』考察編　八日市市教育委員会　pp.49-82
桐原　健 1969「頭椎大刀佩用者の性格」『古代学研究』56号　古代学研究会　pp.28-36
車崎正彦 2004「人物埴輪・動物埴輪」『考古資料大観』第4巻　弥生・古墳時代　埴輪　小学館　pp.341-350
群馬県古墳時代研究会 2006『群馬県内の人物埴輪』群馬県古墳時代研究会資料集第8集
後藤守一 1936「頭椎大刀について」『考古学雑誌』第26巻8号・12号　日本考古学会　pp.460-486・pp.751-768
後藤守一 1942『埴輪』アルス文化叢書15　アルス
小橋健司ほか 2004『市原市山倉古墳群』　市原市文化財センター
小林行雄 1960『埴輪』陶磁全集第1巻　平凡社
小林行雄 1976「鹿角製刀剣装具」『古墳文化論考』　平凡社　pp.431-482
杉崎茂樹ほか 1986『瓦塚古墳』　埼玉県教育委員会
鈴木一有 2009「2　鳥居松遺跡出土円頭大刀の系譜」『鳥居松遺跡5次　円頭大刀編』浜松市文化振興財団　pp.33-52
高橋健自 1911『鏡と剣と玉』　富山房
塚田良道 1996「人物埴輪の形式分類」『考古学雑誌』第81巻3号　日本考古学会　pp.1-41
塚田良道 2007『人物埴輪の文化史的研究』　雄山閣
千賀　久 2008「Ⅱ　人と動物の埴輪」『はにわ人と動物たち―大和の埴輪大集合―』奈良県立橿原考古学研究所附属博物館　pp.51-88
豊島直博 2007「古墳時代前期の刀装具」『考古学研究』第54巻1号　考古学研究会　pp.68-88
豊島直博 2008「古墳時代前期の剣装具」『王権と武器と信仰』　同成社　pp.642-657
新納　泉 1982「単龍・単鳳環頭大刀の編年」『史林』第65巻第4号　pp.110-141
仲原知之編 2013『大日山35号墳発掘調査報告書―特別史跡岩橋千塚古墳群　発掘調査・保存整備事業報告書2―』和歌山県教育委員会
新納　泉 1983「装飾付大刀と古墳時代後期の兵制」『考古学研究』第30巻3号　考古学研究会　pp.50-70
橋本博文 1980「埴輪祭式論―人物埴輪出現後の埴輪配列をめぐって―」『塚廻り古墳群』群馬県教育委員会　pp.337-368
橋本英将 2012「第2節　中村1号墳出土装飾大刀群の位置づけ」『中村1号墳』出雲市の文化財報告15　出雲市教育委員会　pp.197-206
深谷　淳 2008「金銀装倭系大刀の変遷」『日本考古学』第26号　日本考古学協会　pp.69-99
福島武雄・岩澤正作・相川龍雄 1932「上芝古墳阯」『群馬縣史蹟名勝天然紀念物調査報告』第二輯　群馬県　pp.1-44
古谷　毅 2001「鉄製刀剣の系譜」『古代の武器・武具・馬具』季刊考古学第76号　雄山閣　pp.25-29
細川晋太郎 2007「古墳時代中期の鉄剣と鉄刀の構造―珠金塚古墳南槨出土刀剣の観察―」『古文化談叢』第58集　九州古文

　　　　　　化研究会　pp.97-137
町田　章　1976「環頭の系譜」『研究論集Ⅲ』奈良国立文化財研究所学報28　奈良国立文化財研究所　pp.75-110
松尾充晶　2003「装飾付大刀」『考古資料大観』7 弥生・古墳時代　鉄・金銅製品　小学館　pp.173-179
三浦茂三郎・杉山秀宏編　2009『国宝武人ハニワ、群馬へ帰る！』群馬県立歴史博物館
三木文雄　1967『はにわ』日本の美術19　至文堂
水野正好　1971「埴輪芸能論」『日本の古代』2　角川書店　pp.178-225
若狭　徹　2000「人物埴輪再考―保渡田八幡塚古墳形象埴輪の実態とその意義を通じて―」『保渡田八幡塚古墳』群馬町教育
　　　　　　委員会　pp.485-520
若狭徹・内田真澄　2000「埼玉県岡部町白山2号墳の埴輪」『はにわ群像を読み解く』かみつけの里博物館　pp.25

遺跡文献（県別・五十音順）
群馬県　朝倉町古墳　梅沢・原田1979、加部二生2006「利根川上流域・赤城山麓周辺地域の人物埴輪」『群馬県内の人物埴輪』群馬県古墳時代研究会資料集第8集　群馬県古墳時代研究会　pp.59-72　**天川町出土品**　志村哲・荒木勇次1995「群馬県出土の武器・武具埴輪」『群馬県内古墳出土の武器武具』群馬県古墳時代研究会資料集第1集　群馬県古墳時代研究会　pp.67-140、加部2006　**安堀古墳**　志村・荒木1995、横澤真一2006「伊勢崎市域の人物埴輪」『群馬県内の人物埴輪』群馬県古墳時代研究会資料集第8集　群馬県古墳時代研究会　pp.35-58　**伊勢崎市赤堀地区出土品**　梅沢・原田1979、横澤2006　**伊勢崎市波志江町出土品**　稲村繁1999『人物埴輪の研究』同成社、横澤2006　**伊勢崎市豊城町出土品**　東京国立博物館1983『東京国立博物館図版目録　古墳遺物篇（関東Ⅱ）』、横澤2006　**今井神社2号墳**　石塚久則ほか1986『荒砥北原遺跡・今井神社古墳群・荒砥青柳遺跡』群馬県埋蔵文化財調査事業団　**内堀M-4号墳**　戸所慎策1998『内堀遺跡群Ⅱ』前橋市埋蔵文化財調査団、加部2006　**大泉町古海出土品**　塚田良道1996「人物埴輪の形式分類」『考古学雑誌』第81巻第3号　日本考古学会　pp.67-140、長井正欣　2006a「群馬県東端部の人物埴輪」『群馬県内の人物埴輪』群馬県古墳時代研究会資料集第8集　群馬県古墳時代研究会　pp.1-4　**太田市内出土品**　志村・荒木1995、島田孝雄2006「太田市域の人物埴輪」『群馬県内の人物埴輪』群馬県古墳時代研究会資料集第8集　群馬県古墳時代研究会　pp.5-34　**太田市飯塚町出土品**　本報告書、島田2006　**太田市成塚町出土品**　志村・荒木1995、島田2006　**太田市脇屋出土品**　梅沢・原田1979　**上芝古墳**　福島・岩澤・相川1932、若松1992、志村・荒木1995、長井2006b「井野川上流域の人物埴輪」『群馬県内の人物埴輪』群馬県古墳時代研究会資料集第8集　群馬県古墳時代研究会　pp.105-120　**上武士天神山古墳**　梅沢・原田1979　**群馬県内出土品**　梅沢・原田1979　**古海松塚11号墳・古海松塚2号墳**　関本寿雄2002『古海松塚古墳群』大泉町教育委員会　**後閑3号墳**　千田茂雄1994『九十九川沿岸遺跡群3』安中市教育委員会　**小角田前古墳**　相川龍雄1933「小角田前古墳考」『上毛及上毛人』第198号　pp.21-27、志村・荒木1995、島田2006　**佐波群郡赤堀村出土品**　梅沢・原田1979　**世良田諏訪下遺跡第3号古墳・世良田下諏訪遺跡第30号古墳**　三浦京子ほか1998『世良田諏訪下遺跡―尾島第二工業団地造成に伴う発掘調査報告書―』尾島町教育委員会、島田2006　**高崎市八幡原出土品**　右島和夫1999「天理参考館所蔵の胡坐の男子埴輪」『高崎市史資料編1　原始古代Ⅰ』高崎市史編さん委員会　pp.814-816、志村　哲2006「碓氷川・烏川・井野川流域の人物埴輪」『群馬県内の人物埴輪』群馬県古墳時代研究会資料集第8集　群馬県古墳時代研究会　pp.73-104　**高塚古墳**　志村・荒木1995、加部2006　**玉村町八幡原出土品**　中里正憲・青木利文2001「群馬県玉村町八幡原地区出土の埴輪について」『埴輪研究会誌』第5号　埴輪研究会　pp.77-105、志村2006　**塚廻り3号墳・塚廻り4号墳**　石塚久則ほか1980『塚廻り古墳群』群馬県教育委員会、島田2006　**藤岡市上落合出土品**　志村・荒木1995、入澤雪絵2006「鏑川上流域の人物埴輪」『群馬県内の人物埴輪』群馬県古墳時代研究会資料集第8集　群馬県古墳時代研究会　pp.121-140　**藤岡市白石出土品**　梅沢・原田1979　**保渡田Ⅶ遺跡**　若狭徹1990『保渡田Ⅶ遺跡』群馬町教育委員会、若狭徹1998「二　保渡田Ⅶ遺跡の埴輪」『群馬町誌』資料編1　原始古代・中世群馬町誌刊行委員会　pp.190-197、長井2006b　**保渡田八幡塚古墳**　若狭徹2000『保渡田八幡塚古墳』群馬町教育委員会、若狭徹1998「二　八幡塚古墳の形象埴輪　A 人物埴輪・器財埴輪」『群馬町誌』資料編1　原始古代・中世　群馬町誌刊行委員会　pp.144-164、徳江秀夫1999『馬場東矢次Ⅱ遺跡　新川鏑木木遺跡　井出二子山古墳　保渡田八幡塚古墳』（財）群馬県埋蔵文化財調査事業団、長井2006b　**四ツ塚古墳**　東京国立博物館1983『東京国立博物館図版目録　古墳遺物篇（関東Ⅱ）』、島田2006　**雷電神社跡古墳**　梅沢・原田1979、横澤2006　**綿貫観音山古墳**　梅沢重昭ほか1998『綿貫観音山古墳Ⅰ』群馬県教育委員会、志村2006　**茨城県　北屋敷2号墳**　井上義安1995『水戸市北屋敷古墳』茨城県水戸市　**下横場塚原出土品**　東京国立博物館1980『東京国立博物館図版目録　古墳時代遺物篇（関東Ⅰ）』、黒澤彰哉・平賀康意編　2004『茨城県の形象埴輪―県内出土形象埴輪の集成と調査研究―』茨城県立歴史館　**千葉県　城山1号墳**　丸子亘・渡辺智信ほか1977『城山第一号前方後円墳』千葉県香取郡小見川町教育委員会　**殿部田1号墳**　濱名徳永・神山崇1980『上総殿部田古墳・宝馬古墳』芝山はにわ博物館　**山倉1号墳**　小橋ほか2004

図表の出典

図22：筆者作成

図23：1：若狭1990、2：杉崎ほか1986、3・9・12：石塚ほか1980、4・6：若狭2000、5・16：関本2002、7・27：三浦ほか1998、8：中里・青木2001、10：井上1995、11・13・14・15・19：志村・荒木1995、17・22：梅沢ほか1998、18：小橋ほか2004、20：黒澤・平賀編2004を筆者写真トレース、21：横澤2006、23：島田2006、24・26：濱名・神山1980、25：丸子・渡辺ほか1977

表1、表2：筆者作成

Ⅱ 人物埴輪にみられる刷毛目調整技法について

1. はじめに

　横山浩一の詳細な研究により、埴輪や土器の表面に残る「刷毛目」と呼ばれる調整痕が、母材から割り取った板状工具の木目の擦痕であることは今日では周知の事実となっている。近年では刷毛目の「間隔」や「凹凸」(すなわち「刷毛目パターン」)の比較を通じて、刷毛目の異同についての検討が盛んに行なわれている。異なる古墳において同一の刷毛目を見出した筆者の研究をはじめとして、主に関東地方の後期古墳出土埴輪を中心として刷毛目を切り口とした分析が多数提示されている。最近では、畿内の前期古墳や中期古墳から出土した埴輪に対しても同様な分析が試みられており、この種のアプローチは埴輪研究において一般的なものになりつつある。

　今回の調査では、各埴輪の刷毛目を部位ごとにデジタルカメラで接写した。「埴輪 盛装男子」及び「埴輪 盛装男子」は等距離撮影を行ない、「埴輪 挂甲武人」は任意の距離で撮影したのちパソコン上で縮尺を調整している。

2. 検　討

(1) 埴輪 盛装男子にみられる刷毛目調整技法

　本埴輪の外面には、顔面をのぞく各部に刷毛目が良好に遺存する (第24図)。刷毛目調整後の指ナデ調整をほとんど行なっておらず、堅緻に焼成されていたことによる。

　各部の刷毛目は全体として縦方向基調であるが、基台部上半や脚上部・頭頂部など、曲面をなす部分には斜方向や横方向の刷毛目が目立つ。これは、乾燥単位を挟みつつ当該箇所の成形を行なっている可能性を示唆する。脚部下半に横方向の刷毛目が見られるのも、ヒレ状部の貼付工程にかかわるものと推測される。

　各部の刷毛目はすべて同一である (第27図)。刷毛目の「間隔」は比較的広く、刷毛目の「凹凸」は比較的深い。刷毛目をつなぎ合わせた幅は約3.5cm程度であるが、実際の工具幅はもう少し幅広の可能性がある。

(2) 埴輪 盛装女子にみられる刷毛目調整技法

　本埴輪の外面には、部分的に刷毛目が残存しているものの (第25図)、指ナデによって刷毛目が消されている箇所も多い。とくに上裾部・下裾部の下端部付近、胴部前面、顔面、頭頂部などは指ナデ調整で仕上げている。

　基台部の刷毛目は全体として縦方向基調であるが、下裾部・上裾部や右胸部の刷毛目は左上がりである。右肩から右腕には横方向の刷毛目が見られる。

　各部の刷毛目はすべて同一である (第28図)。刷毛目の「間隔」は比較的狭く、刷毛目の「凹凸」は比較的浅くなっている。刷毛目をつなぎ合わせた幅は約3.5cm程度であるが、実際の工具幅はもう少し幅広の可能性がある。

(3) 埴輪 挂甲武人にみられる刷毛目調整技法

　本埴輪は、武具の小札などを表現する線刻が全身に刻まれ、各部に白色彩色が施されているが、細部には意外なほど刷毛目がよく残っている (第26図)。

　本埴輪の刷毛目には、両脚先および左脚踵部に見られる刷毛目 [a類] と、脚部から頭部にかけて見られる刷毛

目［b類］の2種類が見られる（第29図）。刷毛目a類は、刷毛目の「間隔」が比較的広いのに対して、刷毛目b類は、刷毛目の「間隔」が比較的狭い。刷毛目a類・b類とも、刷毛目の「凹凸」は明瞭である。

3. まとめ

　小稿での検討の結果、「埴輪 盛装男子」及び「埴輪 盛装女子」では1種類、「埴輪 挂甲武人」では2種類の刷毛目が看取される。近年の埴輪研究では刷毛目工具の「属人性」が広く認められており、「埴輪 盛装男子」及び「埴輪 盛装女子」は1人の埴輪工人が製作した可能性が高い。それに対して、「埴輪 挂甲武人」は2人の埴輪工人が製作した可能性、あるいは1人の埴輪工人が2種類の刷毛目工具を使用した可能性がある。

　なお、「刷毛目工具」のうち埴輪の表面に接している部分（範囲）が「刷毛目」として遺存するわけであるが、「埴輪 盛装男子」では、その範囲および幅がほぼ一定しているのに対して、「埴輪 盛装女子」では、その範囲および幅が部位ごとに大きく異なっている。これは、「埴輪 盛装男子」の埴輪工人と、「埴輪 盛装女子」の埴輪工人では、刷毛目工具の用い方（埴輪への当て方および手の動かし方）が大きく異なっていたことを示唆している。

　また、今回、すべての人物埴輪において、「逆目」の刷毛目が見出されている点にも注目したい。「逆目」の刷毛目が生じる原因は様々であるが、今回の場合は、同一の刷毛目工具の両面（表面と裏面）が使用された結果、生じたものと思われる。「逆目」の刷毛目が含まれる頻度についても、個々の埴輪工人の「クセ」を示している可能性がある。

　今回の検討では、各埴輪に残る刷毛目のすべてを検討できたわけではないが、上記のような「刷毛目」の特徴は、人物埴輪の各部に残る「刷毛目」（工具の種別および工具の当て方、工具の動かし方）を手がかりとして、各埴輪工人が保有する「身体技法」を復原することが可能であることを示唆している。今後の検討課題としたい。

註
（1）　横山浩一「刷毛目調整工具に関する基礎的実験」（『九州文化史研究所紀要』第23号、九州大学九州文化史研究所、1978年）。
（2）　犬木努「下総型埴輪基礎考」（『埴輪研究会誌』第1号、埴輪研究会、1995年）、犬木努「下総型埴輪再論」（『埴輪研究会誌』第9号、埴輪研究会、2005年）。
（3）　小橋健司「山倉1号墳出土埴輪から見た生出塚遺跡」（『埴輪研究会誌』第9号、埴輪研究会、2005年）、城倉正祥『北武蔵の埴輪生産と埼玉古墳群』（奈良文化財研究所、2011年）など。
（4）　加藤一郎「円筒埴輪について」（『百舌鳥古墳群の調査5』堺市教育委員会、2011年）加藤一郎ほか「東百舌鳥陵墓参考地整備工事予定区域の事前調査」（『書陵部紀要』第65号〔陵墓篇〕、宮内庁書陵部、2014年）、廣瀬覚「寺戸大塚古墳における埴輪生産組織復原にむけての予察」（『向日市埋蔵文化財調査報告書』第50集、向日市教育委員会、2000年）など。
（5）　刷毛目の異同を比較するには、拓本法、転写法、等距離撮影法（等倍撮影法）、任意撮影法などの方法がある。拓本法は最も伝統的で比較的簡便な方法であるが、現物から離れて拓本だけで比較しようとすると錯誤が生じる危険性が高い。転写法は刷毛目の疎密や断面形の特徴を、埴輪に当てた紙に直接写し取る方法である。これも比較的簡便であるが、第三者への資料呈示に適した方法ではない。等距離撮影法は、撮影時に最も手間がかかるが、同一縮尺での比較検討に最も適している。任意撮影法は、刷毛目の撮影時にスケールを写し込み、パソコンの画面上で縮尺をそろえる方法である。それぞれ一長一短があるので、状況に応じて複数の方法を併用すべきであろう。

挿図出典
第24～26図：各埴輪の全体写真は東京国立博物館提供。
第24～29図：各埴輪の刷毛目の拡大写真は筆者撮影。

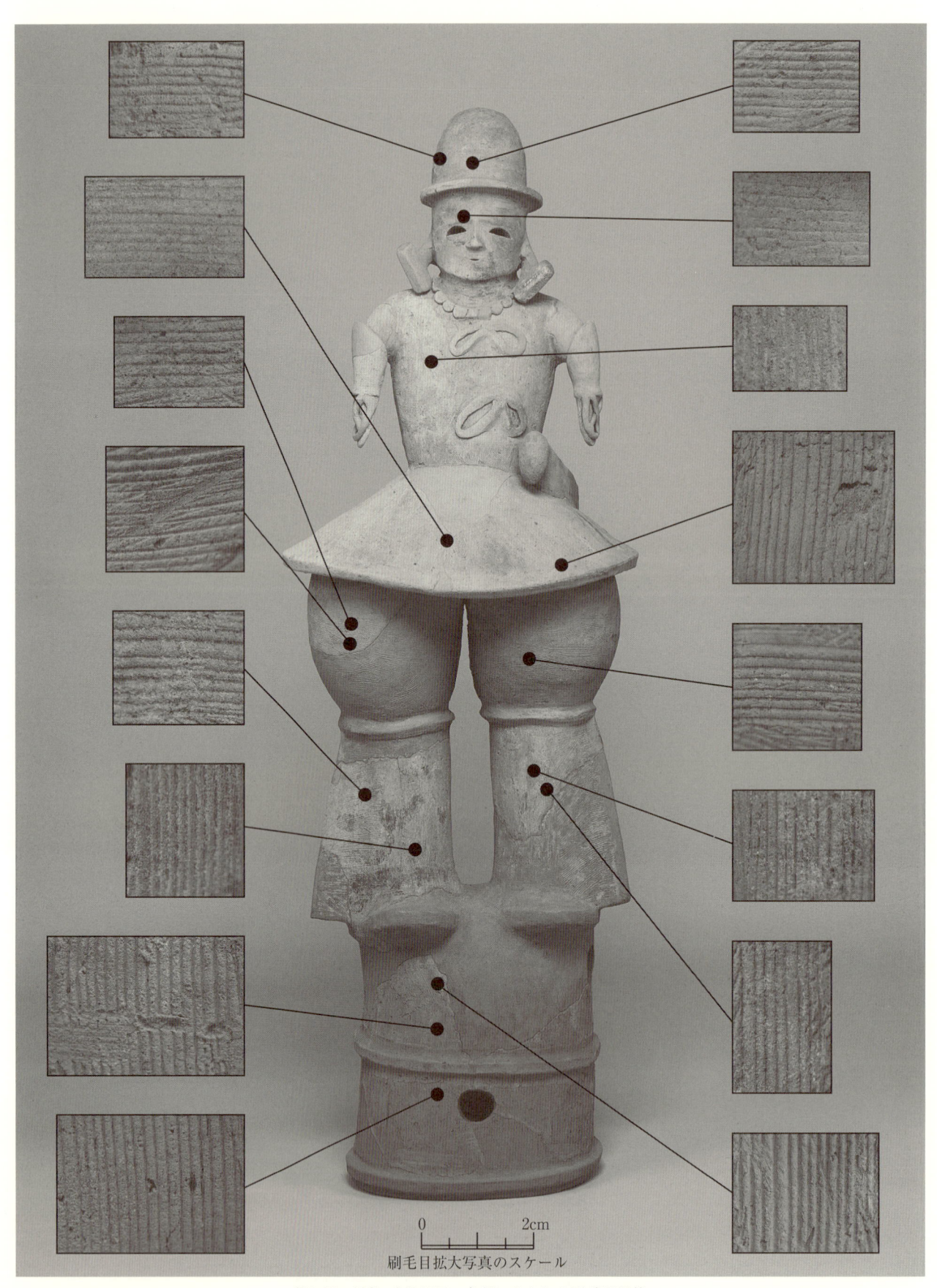

0   2cm
刷毛目拡大写真のスケール

第24図　埴輪 盛装男子の各部にみられる刷毛目調整
（※斜方向の刷毛目は、便宜上、縦方向に配置している。）

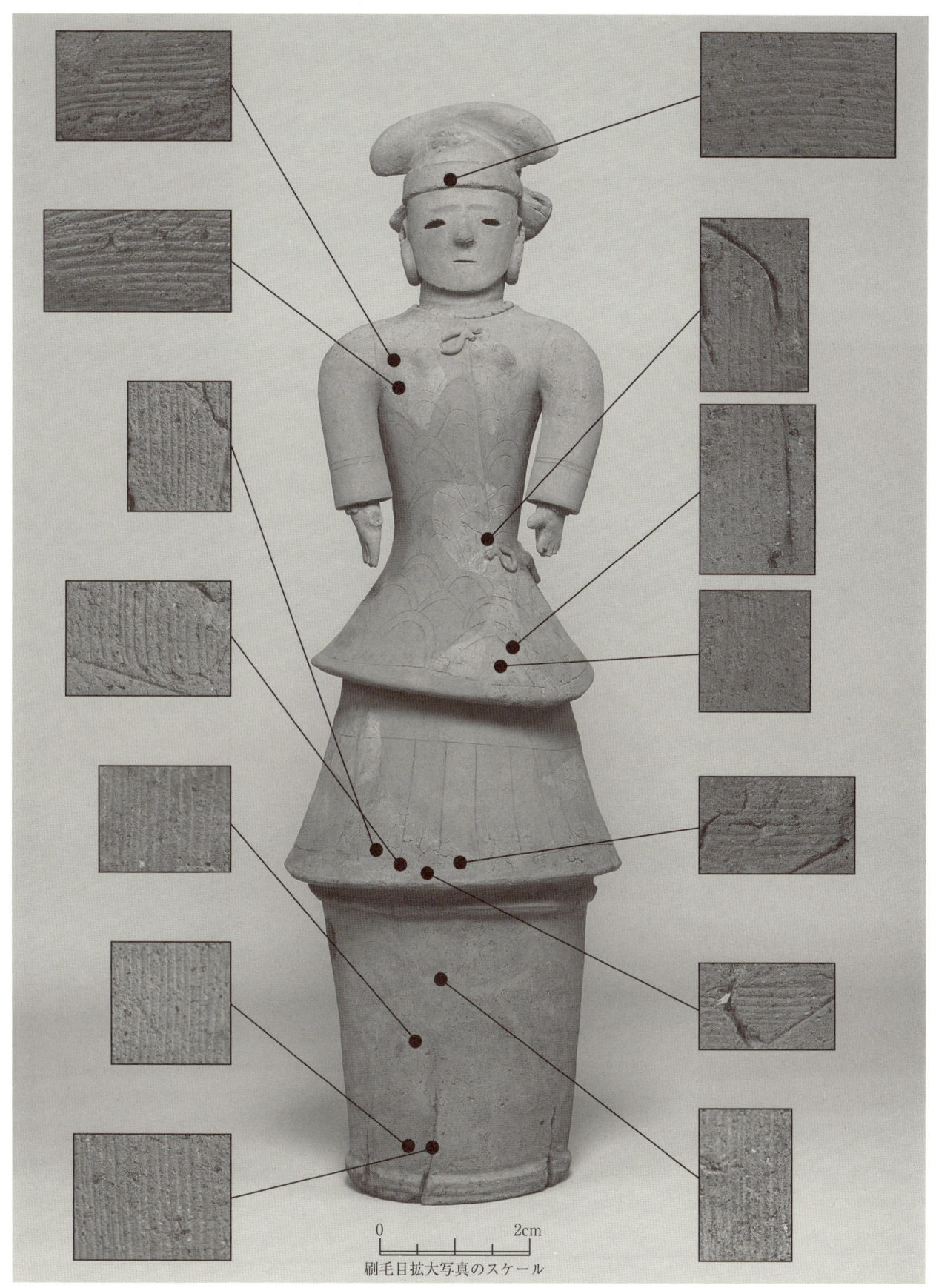

第25図　埴輪 盛装女子の各部にみられる刷毛目調整
（※斜方向の刷毛目は、便宜上、縦方向に配置している。）

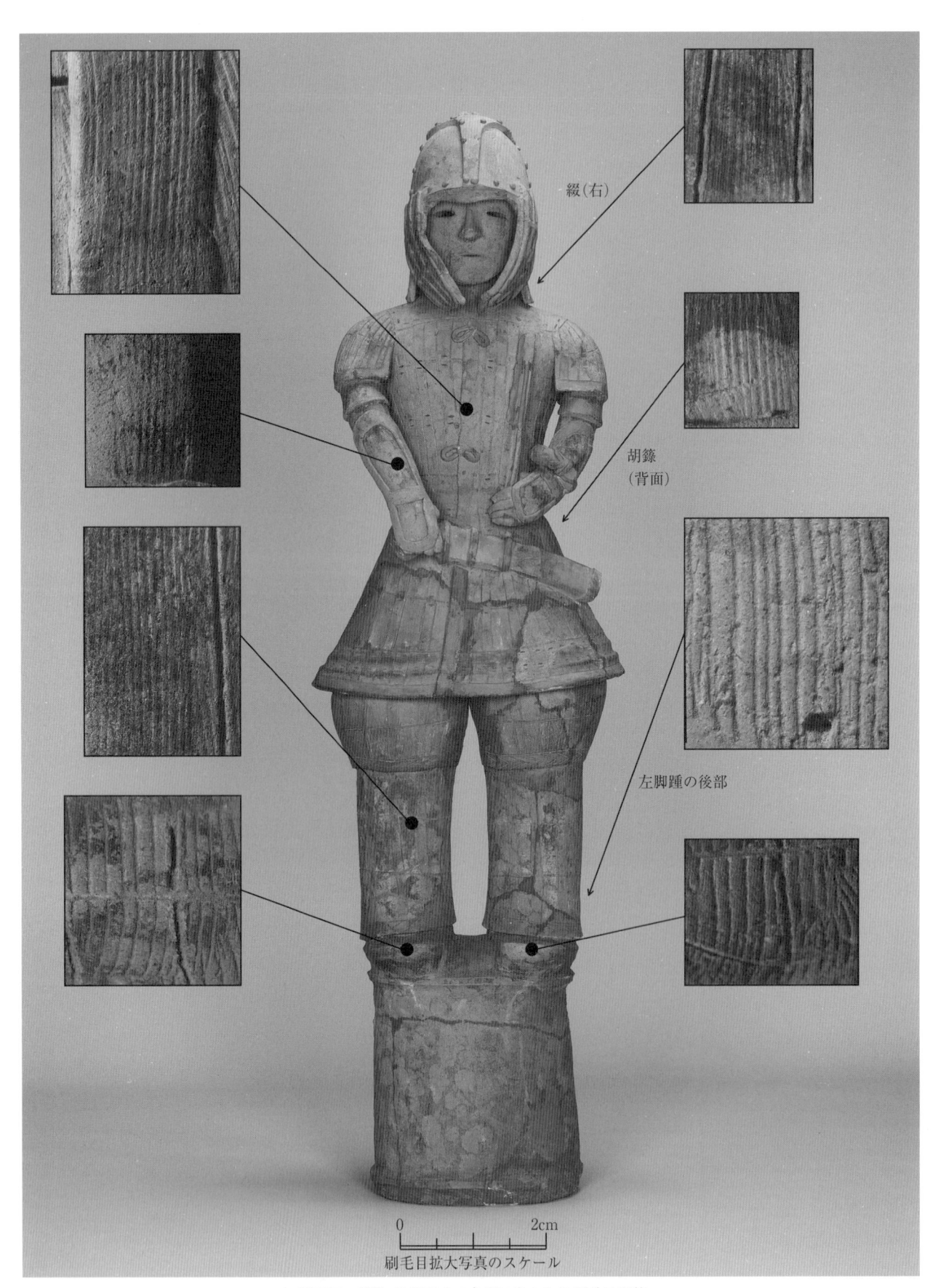

綴（右）

胡籙
（背面）

左脚踵の後部

0　　　　2cm
刷毛目拡大写真のスケール

第26図　埴輪 挂甲武人の各部にみられる刷毛目調整
（※斜方向の刷毛目は、便宜上、縦方向に配置している。）

「刷毛目」から読み取れるもの

埴輪の表面に残る刷毛目を観察すれば、刷毛目の切り合いや砂粒の移動などから、刷毛目工具を動かした方向を見極めることができる。埴輪や土器の場合、刷毛目工具は原則として下から上に、あるいは横方向に動かされている。第4～6図では刷毛目工具の進行方向を上向きあるいは下向きの矢印で示している。上向きの矢印を「正目」とすれば、下向きの矢印は「逆目」となる（「正」と「逆」の区分は便宜的なものである）。下向きの矢印は、刷毛目工具を上から下に動かしていたわけではなく、刷毛目工具の裏面を使用したことにより、いわゆる「逆目」の刷毛目が器面に残されたことを示している。「正目」であれ、「逆目」であれ、刷毛目工具の動きは原則として、「下から上」である。刷毛目工具の片面だけを用いる「几帳面」な埴輪工人もいれば、刷毛目工具の両面を使用する「器用」な埴輪工人もいる。本文でも記したように、「刷毛目工具」の種類や当て方、動かし方などを分析することにより、それぞれの埴輪工人が保有する固有の「身体技法」を読み取ることが可能なのである。

第27図 埴輪 盛装男子の各部にみられる刷毛目の拡大写真（ほぼ等倍で撮影。矢印は刷毛目工具の進行方向を示す）

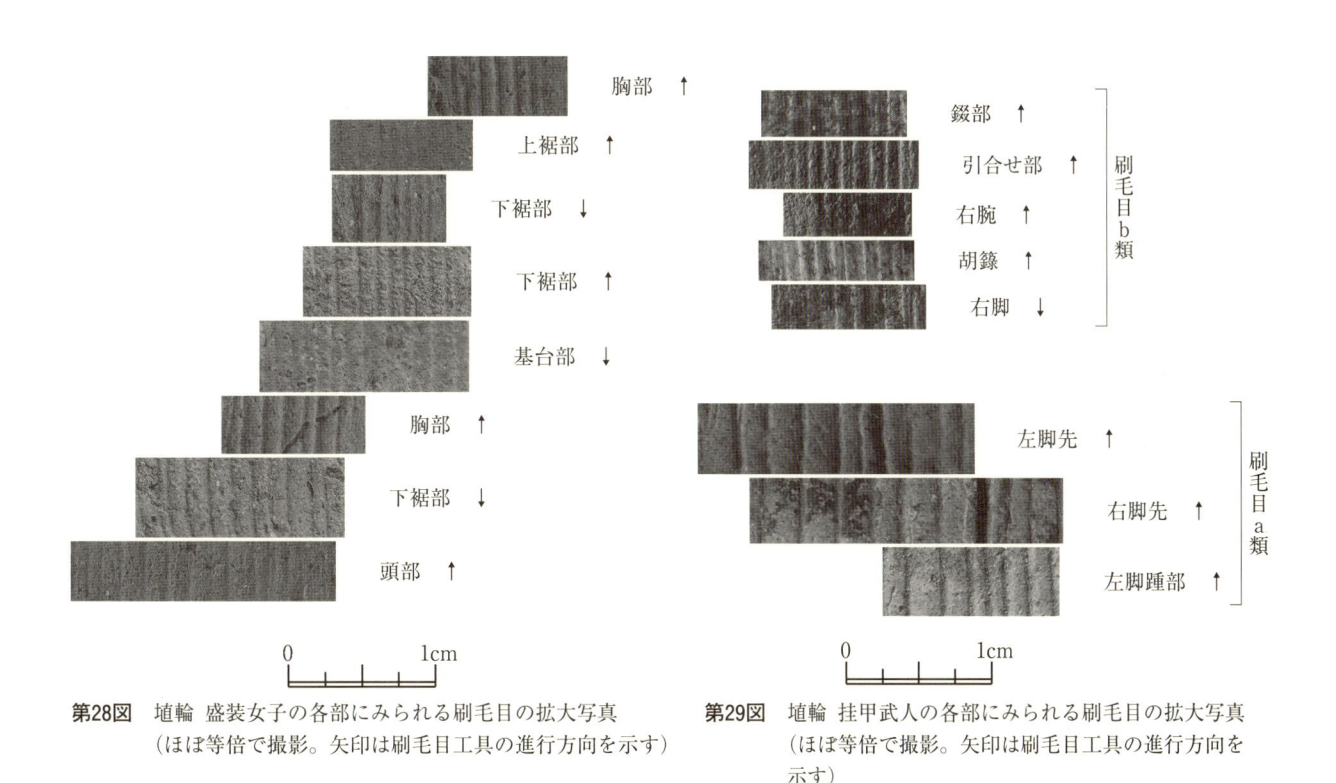

第28図 埴輪 盛装女子の各部にみられる刷毛目の拡大写真（ほぼ等倍で撮影。矢印は刷毛目工具の進行方向を示す）

第29図 埴輪 挂甲武人の各部にみられる刷毛目の拡大写真（ほぼ等倍で撮影。矢印は刷毛目工具の進行方向を示す）

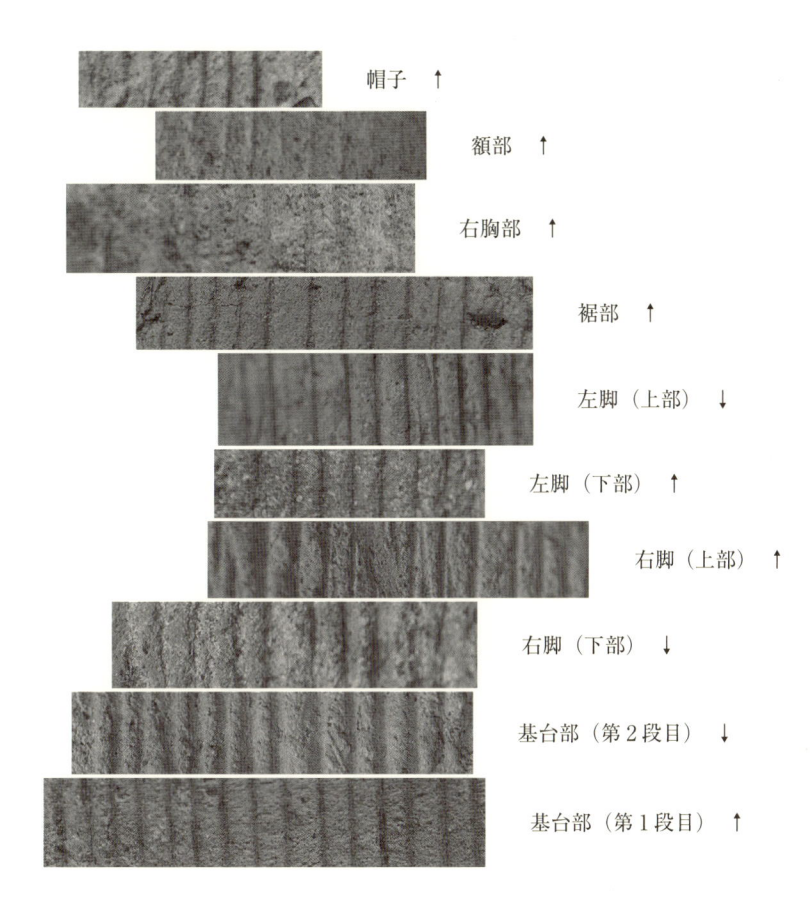

Ⅲ 遺存および損傷状況に関する検討

　本書で報告した3体の人物埴輪は、早くから遺存状況がよい代表的な資料として知られてきた。しかし、いずれも早い時期の出土資料で発掘調査によらないことから、出土地などに関しての情報がある程度判明する以外には、出土状況などの記録については詳細が遺されていない（本書第1章参照）。

　一方、本報告資料はいずれもほぼ完形に近い遺存状態のため、観察結果からその損傷状況全体の詳細を把握することができるという特性がある。もちろん、出土状況の検討は発掘調査によることが原則ではあるが、埴輪表面の各部位に遺された欠損・損傷・風化等状況の差は、出土以前の埋蔵状況や埋没過程の一部を反映している可能性も高いと考えられる。あるいは、損壊の過程や倒壊の方向なども反映しているとみることも可能であろう。損傷等状況の把握は、埴輪が現状に至る状況を知るための大きな手掛かりになると考えられる（以下1～3では本書第2章各々遺存状況報告参照）。

　なお、埴輪自体の情報からどこまでが地中に埋設されたのかなど、樹立状態の検討には、器台部外面の摩耗や風化状況などの特徴を観察することが有効な方法であるが、本資料では器台部の摩耗状況に明確な痕跡を見出すことはできなかった。

1．埴輪 挂甲武人 ［第8～11図］

（1）遺存状況の特徴

　略述すると、頭部は顔面部分を除き、背面側に比べて正面側の欠損が多いが、比較的よく遺存する。上半身は、腕・肩や弓・靫部分等の付属具などに欠損や割れがみられるが、全般的に遺存度は高いということができる。一方、草摺部分より以下の下半身は遺存度が低く、とくに正面側では草摺から膝甲部分の多くの部分を欠損する。また、器台部は比較的遺存度が高いが、規模の大きなひび割れが縦走・横走しており、小破片を接合した破片接合の状態が顕著であるという特徴がある。

（2）損傷状況の検討

　まず、本資料でもっとも損傷が大規模で激しい部位は、正面側の草摺部分から膝甲部分である。上半身から下半身の境界にあたる部分で、当該部分で全体が折損した状況を想定することが可能であろう。このように考えた場合、倒壊の方向は損傷の状況が背面側よりも正面側に著しいことを考慮すれば、正面側の可能性が高いと考えられる。この際に、頬当・肩甲・腕部分や弓・大刀部分等が頭部および胴部から離脱したと想定することも可能であろう。

　次に、膝甲部分から脛当部分も損傷が著しい部分である。腰札部分より上方の上半身の損傷が少ないのに対して、膝甲部分から下方の各部位には多くの割れ目が認められ、多数の破片へと分割された状態であったことがわかる。なお、膝甲部分より以下の当該部分は、正面側と背面側では欠損の範囲・割れ目の状況から、破片への分割状況に大きな差異は見出せない。このような状況から、当該部分は転倒して損傷したというよりも自重などの要因で崩壊した可能性が考えられる。

　このような崩壊や倒壊は連続して生じた可能性も考えられるが、いずれにしても顔面や胴部の保存状態が良好なことから、少なくとも上半身が早い時期に土中へ埋没したことがうかがえる。

2．埴輪 盛装女子［第12〜16図］

（1）遺存状況の特徴
　略述すると、頭部は髻部分の一部を除き、遺存状況は比較的良好である。これに対し、上半身は50％程度しか残存しておらず、細かい破片に分割されていた。また、細かい破片のみの胴部は、とくに腰部右側面の破片を多く欠失しているとともに、背面側にも著しい磨滅が認められる。下半身は裳部分の正面側の大部分と左側面を大きく欠き、また裳部分の背面側も磨滅が著しい。

（2）損傷状況の検討
　まず、本資料でもっとも損傷が大規模で激しい部位は、上半身胴部から下半身裳部分にかけてである。このような状況から、器台部から下半身にかけては右側面に強い負荷がかかった結果、崩壊または倒壊した可能性が考えられる。次に、磨滅等の状況については、頭部は髻部分の前半部が欠失するとともに、左側耳環部分の正面側や額から鼻先部分にかけて細かい傷が残されている。これらは胴部から離断した頭部が転落して、顔面部分を上にした状態でしばらく露出していた可能性を示唆する。また、比較的遺存状況がよい右肩から左腰部分の上半身は左前面を下に向けて土中に埋没し、背面側は長期にわたって露出していた可能性が考えられる。下半身の左側面も上半身と同じく、土中に埋没していた可能性が高い。なお、欠損がほとんど見られない器台下半部は、土中に埋設された状態を維持していたため、残存状況が良好だったものとみられる。

3．埴輪 盛装男子［第17〜21図］

（1）遺存状況の特徴
　略述すると、頭部全体が胸部と一体化しており、帽子後背部・後頭部の一部および分離する左側美豆良・欠失する右美豆良部分以外は完存する。両腕の左腕部は欠失、右腕部が分離する。このように上半身は正面側と左側面の状態が比較的良好であり、欠損部分が少ない。なお、頸部の玉表現は正面側の一部が欠失し、大刀は破損が著しい。下半身は、腰部は大腿部・脛部とほぼ一体で、大刀の一部を含めて四つに分割され、器台部も4片に分割される。いずれも大きく前後に分割される以外は大破片で遺存し、各部の形態をよく保存している。一方、脚部背面には後世の傷が多くみられ、磨滅や剥離が多い。同様の傷は右肩部にも多数確認される。なお、顔面の一部や裾部などでは顔料が良好な状態で遺存する。

（2）損傷状況の検討
　上半身部の遺存状況が良好であるのに対し、下半身の膝部の前面側から右側面にかけては破損箇所が大きい。器台部の天井部分や左脚下半部も大きく損傷することから、樹立された早い段階で脚部下端付近が破損し、この部分から倒壊につながった可能性が考えられる。突出している沓のつま先部分や美豆良部分もこの前後に欠失・脱落したとみることもできる。一方、上半身はほぼ一体の状態で遺存するため、早期に土中に埋没した可能性がある。また、倒壊した後、上半身の左側面から背面部の表面の摩耗・風化状況から、背面が地表面上にさらされていた可能性が考えられる。一方、器台部は背面側がほぼ良好に遺存する。
　これらのことから、本埴輪が前面に向かって倒壊した際の破損を中心に分割・埋没したと状況を想定することができる。

第4章　総　括

1．人物埴輪の調査と課題

（1）調査と記録の方法

復原と記録　考古資料は一般に、埋蔵環境中のおける劣化・破損・欠失などによって原形を著しく損ねている場合が多い。このため、博物館資料としては、出土した状態のままでは展示に馴染まない場合がほとんどである。そこで考古資料の修理においては、欠失部の復原を行なうことによって旧状（本来の形態）に近づけ、復原的景観を再現することも重要な要素である。なかでも、埴輪は近代以前から注目され、また現代に至るまで多くの関心を集めてきた（清野 1955、橋本 1988）。とくに人物埴輪に対する関心は高く、博物館においては戦前にも早くから修理（旧修理）[1]が実施され、今日の代表的な人物埴輪の多数が含まれている。しかし、正確な記録が残されている例はなく、その経緯も明らかでない場合が多い。本書で報告した3例の人物埴輪は、その中でもわずかながらに修理の経緯・時期・修理者等の記録が残された稀少な例である[2]。一方、第2次世界大戦後、発掘調査の精度が向上し、資料が飛躍的に増加した段階でも、出土した顕著な形象埴輪は石膏による修復を代表として、詳細な記録が残されないままに復原・修理された例が多い[3]。

早くに考古学的調査成果の保存・公開には、記録（報告書）・実体（保存処理）・造形（模造）の3つの概念（濱田 1921）が示され、戦後には調査体制の整備とともに、報告書の刊行が調査成果の記録化と公開性に大きく寄与した。しかし、埴輪の場合、比較的重量物で複雑な形態と脆弱な品質をもつため、さまざまな事情で復原的な修理が数多く進められ、実態が把握しにくくなったことも事実である。

修理と調査　考古資料の修理は大半が初発の修理であるため、事前調査は修理方針を定めるために不可欠な要素で、対象の資料性（品質・形状）を充分に把握・確認することが重要である。また、本来の形態を復原するための復原図作成の精度を確保する前提条件ともなる[4]。加えて埴輪の場合は、新規修理は旧修理で調査不能になっていた裏面（内面）の調査を行なう機会でもあり、修理途中における中間調査が不可欠である[5]。とくに人物埴輪の場合は、円筒状の構造に加えて多くは頭部が塞がれており、解体時以外に内面の観察はほぼ不可能である。むしろ、金属器や器財埴輪よりもその重要性が高いということができる。

もちろん、X線透過撮影をはじめとして、CT（コンピュータ断層撮影）[6]調査などの科学的な非破壊調査技術の向上で、今後、解体調査（中間調査）以前に高い精度の事前調査が実現する可能性は十分にある[7]。しかし、記録精度の観点からは肉眼による観察が重要で、その精度を確保するためには解体時の中間調査が現在のところ、唯一の方法であるということができる。

調査成果の記録　以上のような過程を経て、記録化された調査データを広く公開するためには、現在のところではやはり従来の写真（2次元画像）・図面（正射投影図）と報告（解説）文が中心である[8]。今回の報告でも、各調査成果の記述はこれらの3形態の媒体を通して各部位ごとに行なった。その中で報告文に関しては、特徴の観察と遺存状況の記述を分離した。やや記述が煩瑣にわたる点や若干の重複等は避けられないが、各部位ごとの特徴の相互比較を容易にするために、まず簡略で事実関係を中心とした報告を優先した。次に、煩雑になりがちな遺存状況については、特徴の根拠を明示する目的と保存状態としての記録の正確さを期すために別項目にまとめた。なお、写真については、当館が撮影をデジタル化する過程と重なったため、記録媒体がフィルムとデジタルにわ

— 75 —

たるが、基本的な撮影方法に変更はない。今回は、とくに従来の方法に加えて、3次元計測データおよびテレセントリック光学系撮影画像を利用して、一部の実測図（正射投影図）を作成した[9][PL29～34]。

（2）記録（実測図）の作成——デジタルデータの加工

計測技術と投影図 実測図は対象物（立体物）の正射投影像に基づいた記録方法で、考古学の発掘調査等における遺構・遺物記録法として、戦後広く普及した。多くは二次元平面の基準線（X-Y軸）を対象物の任意の基準線に合致させて作成されることが多い。実測機器は、実測面（平面）に対して鉛直方向の測点を転写する道具を用い[10]、考古学専攻生の実習や発掘現場において熟練した従事者によって習得され、さまざまな流儀で精度の向上が図られてきた。一方、近年急速な計測技術の進歩によって、デジタル化された計測データ・画像を得ることが可能となり、その利用方法もますます簡便になりつつある。なかでも三次元計測法による計測データは精確な計測点群データで、コンピュータグラフィックス（CG）など、多様な用途が開発されている。

今回は三次元計測法によって得た点群データをオルソ化画像処理を行なうことによって、正射投影像を作成し、これを転写することによって、埴輪挂甲武人の実測図用下図を作成した[11]。また、テレセントリック光学系撮影データの画像処理により、埴輪盛装男子の同様な実測図用下図も作成した。

計測技術の特性 いうまでもなく三次元計測法による精確な点群データは計測点の集合であるため、いわば究極の精度をもつ計測データともいえる。形状データ以外にも面積・体積の測定や微細な表面状態の観察・記録などに利用可能で、今後その用途はさらに拡大するものと思われる[12]。また、複数方向のデジタル写真画像を用いたオルソ化画像の開発も急速に進展しており、遺構等においては十分な精度を確保しつつある。しかし、これらはすべて光学的計測方法であるため、照射光の反射特性や使用レンズ・撮影角度の死角等の問題で、計測が困難な箇所が多々生じることがある。したがって、デジタルデータの画像処理によって作成された実測図下図にもいわば計測の欠陥がそのまま反映され、データ面における画像の欠落として残ることとなる。また、点群データの場合、可視化を伴う必要性から、対象物を認識するための斜光線加工処理を行なうために、陰影部分の読み取りが困難になる点などが短所として挙げられる。

実測図の作成 デジタルデータを用いた実測図化を実現するためには、現状では作成した下図輪郭のトレース以外に、次のような手順が必要である。①計測欠陥箇所の追加実測、②可視化処理によるデータ面読み取り不能部分の追加実測。さらに、通常の写真画像利用の実測図作成と同様、③対象物表面における稜線の抽出と描出がある。

今回の三次元計測データの画像処理でも、①②は全体の約10～15％ほどを占める。もちろん、周囲の計測点から計測可能であるため、大掛かりな実測作業とはならないものの作業量はかなり膨大である。また、今回③の対策と表面の微細観察のために、画像解析に2種のシューディング（A：フォールオフ処理、B：フラット処理）を実施して下図を作成している[13]。ただし、これらを利用してもなお実測図作成者の技量で補う部分が大きいため、作業の簡便化にはつながらない。結論的にいえば、デジタルデータの処理画像を利用した実測図作成の最大の利点は、①計測精度と②非接触による安全性の確保である。しかし、実測図化作業に当たっては、図面作成従事者の技量と実測図としての描線の精度管理が必須である点は、従来の実測図作成方法と変わらないといえる。

（3）実測図の資料化——デジタルトレースと線種

データの公開 一方、実測図の作成によって得られた調査データの資料化においては、相互比較のために一定の規格に基づいた画像で示す必要がある。通例の実測図と同じく線描による製図で得られた単純化した画像である。その公開の方法は、今後さまざまな媒体で実現されると考えられるが、今回はもっとも一般的な出版物としての公開方法を採っている。また、実測図の印刷原版化として近年、著しく普及したデジタルトレースを利用し

た。報告・公開された先行事例の仕様・作業情報（阪口 2014他）を参考にして、作業従事者間で線種を協議・整理してトレースを行なった。

描線と線種　調査対象物から得られた情報にはさまざまなレベルがあるが、基本的に一次資料である実物資料（オリジナル）の情報が中心であることはいうまでもない。ただし、模造品に代表されるように非オリジナル部分にもオリジナルに関する情報が保存されている可能性は高い。[14] 冒頭でも触れたように、調査成果は図面以外に写真・文章（解説）でも公開するが、調査結果としての判断は図面で表現される側面が大きいため、最終的には次のような点に留意して整理した。まず、オリジナルに関する１）輪郭線と、次にその立体としての特徴を表現する２）造形線中心に検討した。次に、オリジナルではないが、旧修理時の状況や修理者の判断・技術の記録でもある復原部分に関する３）復原線である。これらをまず弁別し、次に立体視の視点から線幅の細分を行ない、調査成果の精度と公開性を少しでも高められるように心掛けた。

（4）今後の課題

以上、人物埴輪の調査と方法および成果公開までの問題点について検討してきた。

第一に、デジタル化に象徴される調査技術の発達には常に留意しながら、積極的に調査項目・範囲の拡大や、精度の向上と省力化に努める必要があることは当然である。また、それに対応する設備・予算等の調査環境の整備も重要である。しかし、第二には、このような技術を活用可能とするためには、やはり調査者の判断による側面が大きく、その過程の一部である実測図および製図の作成段階に大きく反映することは既述のとおりである。

前者は組織内での設備・予算環境に関する課題で、後者は人的環境に関する課題といえる。これらは調査成果の精度の向上や維持を図るためにもっとも重要な要件であり、今後一層その整備・維持が必要性であると思われる。

2．デジタルトレースと線種

本報告実測図の製図に当たっては、Adobe社製のIllustratorを用いてデジタルトレースを行なった。盛装女子は手描き実測図、挂甲武人・盛装男子は各々3次元計測データ変換画像とテレセントリック光学系画像から描き起こした実測図を原図としたものである。描画にあたっては、遺存部位と補填部位の差異を明確にするとともに、縮尺率が高い図面ながらも可能な限り立体的表現になる線幅を選択した。

そのうち、最も太い外形線を0.17mm幅とし、印刷に耐えうる最も細い線種とされる0.06mm幅をハケメやナデの表現に用いた。大刀や髻部分のような立体的な造形部位の輪郭は、外形線と同じ0.17mm幅としている。一方、耳飾りや紐部分など、本体に貼り付けられた平面的な造形部位の輪郭は、外形線と同様に描画すると本体から著しく遊離した印象を受けたことから、準外形と位置づけて0.14mm幅を採用した。また、本来であれば目・口部分や透孔なども外形と同様にすべきであるが、かえって立体感を損なったため、一段細めの0.14mm幅を用いている。沈線は、鋭い工具によって文様を施したものであり、比較的明瞭な0.1mm幅とした。

稜線については、突出部を0.1mm幅、陥没部を0.08mm幅とした。しかし稜線は、具体的な埴輪製作に関わる手指や工具の痕跡ではなく、資料の損壊・埋没過程を反映したものでもないため、線幅に厳密な基準を設けず、それぞれの個体ごとに見られる曲面の状態に応じて0.1mm幅・0.08mm幅・0.06mm幅を使い分けている。

なお、石膏等の補填部分の範囲は0.08mm幅、石膏内に模刻された沈線を0.06mmとするなど、むしろ復原元部分にはリアリティを与えず、稜線も極力用いない方針を採った。これら、今回の製図にあたって採用した線幅の一覧については、下記のとおりである。

1）輪郭線等　　外形線　　　　　　0.17mm

　　　　　　　準外形線　　　　　　0.14mm

　　　　　　　破面・剝離面線　　　0.06mm

2）造形線等　　稜線　　　　　　　0.1mm、0.08mm、0.06mm

　　　　　　　沈線　　　　　　　　0.1mm

　　　　　　　ハケメ・ナデ線　　　0.06mm

3）復原線等　　石膏線　　　　　　0.08mm

　　　　　　　石膏内稜線　　　　　0.08mm

　　　　　　　石膏内沈線　　　　　0.06mm

註

（1）　東京帝室博物館（現東京国立博物館）における修理などが代表である（後藤 1933・1935ほか）。
（2）　本書第1章参照。
（3）　発掘調査報告書に掲載する実測図作成や写真撮影のための簡易的復原が代表例である。
（4）　このような作業を通じてはじめて、資料性を維持した保存処理と展示効果を加味した復原的景観を実現することができる。これは金属器においても同様である（古谷 1998）。
（5）　本書第1章および第2章Ⅱ・Ⅲ参照。
（6）　本書付編①参照。また、複雑な形態の家形・船形埴輪の事前調査にも適用している（青木 2005）。
（7）　これまでも金属製品を中心として理化学的調査方法を事前調査に適用している（三浦 1995、増澤 1997など）
（8）　将来的には、伝統的なメディアであるこれらの方法に加え、CT スキャンデータや次節で述べる3次元計測・写真画像のオルソ化処理、テレセントリック光学系撮影などを用いた画像データなどが有力と思われる。
（9）　本書第1章および付編②・③参照。
（10）　三角定規・三角スケール定規や各種定規などで、補助として寸法転写機器としてデュバイダーなどを用いる。これにマーコ（真弧）・キャリパー等の外形を転写する道具を併用することが多い。
（11）　実測図作成用下図として、透過性のあるマイラー用紙に原寸サイズのプリント出力によって作成した。本書付編②参照。
（12）　他にも、三次元プリントによる複製製作や映像コンテンツへの利用など、さまざまな用途に利用の可能性がある（鈴木 2006）。3次元計測データの加工・開発については、中山香一郎氏にさまざま御教示頂いた。
（13）　註（11）と同じ。
（14）　亡失・劣化資料の模造品や帝室技芸員製作資料などに代表されるように、代替困難な造形情報の保存・記録も重要な課題である。

引用文献

青木繁夫 2005「X線透過撮影調査」『重要文化財 西都原古墳群出土 埴輪 子持家・船』（東京国立博物館重要考古資料学術調査報告書第2冊）東京国立博物館

清野謙次 1955「第二部日本上古（原史）文化研究史第四編 埴輪研究史」『日本考古学・人類学史』（下巻）岩波書店

後藤守一 1933「埴輪家」『上野国佐波郡赤堀村今井茶臼山古墳』帝室博物館学報第六冊、帝室博物館（「埴輪家の研究」『日本古代文化研究』河出書房、1942年所収）

後藤守一 1935「西都原発掘の埴輪舟（其一・二）」『考古学雑誌』第25巻第8・9号、日本考古学会

阪口英毅 2014「デジタルトレースの仕様」『七観古墳の研究—1947年・1952年出土遺物の再検討—』（七観古墳研究会編）真陽社

鈴木　勉 2006「三次元形状計測データの活用事例」『古鏡総覧』（3次元デジタルアーカイブ1）奈良県立橿原考古学研究所編

橋本博文 1988「埴輪の性格と起源論」『論争・学説 日本の考古学（古墳時代）』第5巻（桜井清彦・坂詰秀一編）雄山閣出版

濱田耕作 1921『通論考古学』大鎧閣（雄山閣、1984年復刻）

古谷　毅 1998「金属器の修理と事前調査」『帝京大学山梨文化財研究所報』第32号、帝京大学山梨文化財研究所

増澤文武 1997「8．古文化財への中性子ラジオグラフィの応用」『RADIOISOTOPES』第46号第9号、日本アイソトープ協会

三浦定俊 1995「エミシオグラフィによる調査」『江田船山古墳出土 国宝銀象嵌銘大刀』（東京国立博物館編）吉川弘文館

付　編
理化学的調査と計測

①埴輪 挂甲武人の保存状態に関する X 線調査

東京国立博物館　和田　浩

1．X 線透過撮影について

　出土遺物は長年月埋蔵環境下で保存されていたものが発掘によって急激な環境変化を受けることで劣化が急速に進行してしまう。よって、文化財の中でも最も緊急に保存処理の必要なものである。保存処置を行なうためには、遺物の現状をまずは把握せねばならない。遺物の現状とは大きく、材質、構造、そして保存環境のことを意味する。これらの情報を得た上で保存処理へと移行することとなる。

　しかしながら、現存する多くの埴輪のように、過去に接合など何らかの修復作業が施された立体物はその外見、たとえば自立している姿からは構造上の危険性を感じることは少ない。高い強度を維持して接合されたように見える箇所であっても、実際は輸送や展示といった作業に対する強度的耐性が不足しているということも多い。また、再修理を実施する場合、元からの接合箇所がどこに存在するのかということが外見のみの観察だけでは判別できない場合、解体作業の困難性が格段に高くなってしまう。遺物の現状を把握することが困難になればなるほど、安全な保存処理方法を選択することも難しくなる。

　そこで、本調査においては、X 線の特性を応用した調査の中でも X 線透過撮影による調査を行なうこととした。当該撮影は遺物に X 線を照射し、透過したものを特殊フィルムによって現像し、可視化することで、肉眼では観察の不可能な内部構造や劣化の状況を観察可能とするものであり、遺物の構造を知る上で重要な役割を果たす。さらに、照射する X 線は遺物に蓄積されず、照射前後での材質的変化を導くものではない。いわゆる非破壊的調査に属するものであるため、多岐に渡る材質の文化財に対して頻繁に行われる調査の一つである。

2．撮影装置・撮影条件について

本調査で行なった撮影装置と撮影条件等を下記に示す。
　X 線発生装置：エクスロン・インターナショナル株式会社製「MG226/4.5」
　管電圧：225kV
　管電流可：13.3mA
　照射距離：500cm（X 線発生部とフィルム面間の距離）
　照射時間：90sec
　使用フィルム：富士フィルム株式会社製「工業用 X-レイフィルム　IX100」

3．X 線の性質と撮影条件との関係について

　遺物に照射される X 線の管電圧、管電流の条件設定をすることでえられる写真像を適切に調整することができる。ここでは結論のみ述べることとするが、管電圧は X 線の透過力を、管電流は X 線の線密度を調整するものである。したがって、管電圧を低く、管電流を大きく設定すると濃淡差の大きな写真像が得られ、内部構造の

観察などに際しては適した条件であるといえる。しかしながら、遺物の材質や厚さ、密度によっては、低管電圧で透過するX線の量が著しく減少し、不鮮明な写真像となることもあるため、個々の遺物の状態に合わせて条件設定を行なうことが必要である。

また、X線の照射時間との関係については、高管電圧下では短い照射時間、低管電圧下では長い照射時間が必要な露光時間との関係、すなわち、電圧と露光時間とは比例関係になるのが原則である。しかし、低管電圧下の場合は露光時間をより長くかけても平衡状態となるのみで効果が得られないこともあるため、電圧と露光時間の関係を事前に把握しておくことも必要となる。

4．本調査で得られた画像について

（1）構造について

全体的な構造はX線の透過程度を見ると、接合部以外は土器素材の一様な材質と厚みをもっており、おそらく製作当初はすべての部位を一体として焼成されたものであることが判読できる。なお、身に着けている鎧を表現する表面の線状模様はその厚みが若干薄くなるため、全身に無数に走る亀裂との区別がやや付きにくいが、実資料表面との観察を併用することで正確な把握が可能となる。構造的には内部が空洞であり、比較的肉厚な焼成土器であるため、保存状態が健全であれば相当高い強度をもっていたと推定できる。

（2）保存状態ついて

前述したように全体的に接合部分の亀裂が無数に存在する保存状態である。画像「005（正面台部）」には垂直方向に、「010（側面台部）」を見ると台側面の孔から水平方向に大きい亀裂がそれぞれ存在することがよくわかる。これらは、埴輪が自立した状態で最も大きい荷重を受ける部分であり、取り扱い時に手がかりとする部分である。すなわち、これらの接合箇所が十分な強度をもたない状態では博物館資料としての活用上大きな問題を有することになる。それは両脚（例えば「014（右前面脚部）」）にも同様の診断ができる。上半身に関しては比較的良好な保存状態と思われるが、より土中に埋没していた部分ほど劣化が進行し、割れやすいなどの原因が考えられるのかもしれないが、画像情報のみでは推測の域を出ない。

5．まとめ

本調査を通したX線透過撮影結果として構造的に脆弱であり、接合の強度が不足している場合は、博物館資料としての活用に支障をきたす保存状態であることが明確となった。こうした旧修理の情報を基に、多くの問題点を指摘できた。本調査で得られた画像情報を資料とともに保管しておくことは、将来の修理事業のためにきわめて重要である。

②埴輪 挂甲武人の三次元計測と図化を目的とした画像処理

凸版印刷株式会社　中山香一郎

本稿は2009年度に凸版印刷が東京国立博物館からの依頼で実施した、国宝「埴輪 挂甲武人」（以下、武人像）の三次元計測と、その計測データの可視化業務について記すものである。

１．三次元計測の実施概要

武人像の三次元計測は以下の概要で実施した。
　　日時：2009年12月17・18日及び24・25日
　　場所：東京国立博物館内、資料館写場
　　計測担当者：中山香一郎、宮波千恵、西村知美
　　計測機材：ブロイックマン社製（ドイツ）smartSCAN-Duo

（１）機材の選定

　ブロイックマン社製のsmartSCANは様々な格子パターンを計測対象に投影し、パターンの変化を記録して形状計測を行なう空間コード投影方式のスキャナーである。スキャナーから計測対象までの計測距離は720mmに固定されている。パターン投影プロジェクターの左右に140万画素の測定用センサーを2個備え、1回のスキャンで2回の計測を行なう効率性と左右2つのセンサーの計測結果を照合することにより、エラーやノイズを低減する正確性を両立している。また、従来（2009年当時）の三次元スキャナーとしては非常に小型・軽量であり、カメラセンサーはカラーCCDを採用することで従来の三次元計測器は苦手としていた黒色や金属光沢の質感をもつ計測対象物にも対応する。

　われわれは本計測の2カ月前、2009年11月6日に東京国立博物館本館にsmartSCANを持ち込み、作業時間・解像度・ノイズなどの精度などの検証作業を行なった。その結果、smartSCANは従来のレーザー方式などと比較し、解像度が高く、ノイズも少なく、対象の表面色に対して幅広いレンジに対応し、軽量で取り回しが容易で文化財に対する安全確保ができることが見込まれたため、今回の計測機材として選定した。

（２）計測レンズの選択と計測手順

　smartSCASNは計測する対象の大きさと、必要とする解像度によって計測に使用するレンズを選択する。以下に用意されていたレンズセットの視野、XYの左右解像度、Zの奥行解像度などのスペックを記す。ちなみにレンズ種別のFOVとは"field of view"（視野）を指し、続く数字が計測する面積の対角距離を示している。

図②-1　ブロイックマン社製 smartSCAN-Duo

レンズ種別	FOV90	FOV150	FOV225	FOV300	FOV450
対角視野（mm）	90	150	225	300	450
XY解像度（μm）	55	90	120	180	270
Z解像度（μm）	1	2	4	6	8
誤差（μm）	±12	±20	±30	±40	±60

　本計測の目的は、武人像の形状と表面刷毛目跡の記録であった。武人像は全高約1,300mmであり、上記のどのレンズを選択しても台座から頭頂部まで全体像をワンショットで収めることはできない。よって分割計測後に各計測データの位置合わせと統合化を行なった。

　作業初日の12月17日、計測に先立ち各レンズセットでの解像度評価を実施したところ、1cm幅約10本の凹線の刷毛目を記録するには解像度120μm（約0.1mm）のFOV225以下のレンズが必要であることが判明した。全高1,300mmの武人像を対角視野225mmの計測レンズでスキャンした

図②-2　計測風景

場合、計測ショットが300ファイル以上となることが予想され、各計測ショットの位置合わせは形状の特徴点を照合させながら行なうことになる。しかし計測データにはわずかな誤差が含まれており、複数の計測データの合成処理の結果として誤差が累積し、全体形状に歪みを生じることが予想された。また台座部分には刷毛目がなく、この部分をFOV225という狭角なレンズで計測する必要性についても検討し、結論として計測は以下のレンズと手順で行なうこととした。

①まずFOV450のレンズで武人像全体の計測を行なう。
②FOV450の計測では足元に位置基準となる白色マーカーを貼ったプレートを配置し、位置合わせの計測精度を向上させる。
③刷毛目の存在する部分をFOV225で詳細に計測し、FOV450による計測結果に重ねてFOV225個々の計測データを再配置することで誤差の累積による歪みを防ぐ。

(3) 計測結果

以下に各レンズによる計測結果について記す。

	FOV450：全体計測	FOV225：詳細計測
計測期間	12月17・18日	12月24・25日
総計測数	109スキャン	194スキャン
統合処理後のデータ量 ポリゴン数・データサイズ	7,889,451ポリゴン 438MB（OBJ形式）	51,069,711ポリゴン 2.2GB（OBJ形式）

※計測結果の画像添付

3次元コンピューターグラフィックスでは多面体によって形状を定義するが、ポリゴンはその基本単位である3頂点3辺1面で構成される三角形のことであり、ポリゴン数が多いほど複雑な形状が定義できる。計測作業後、5000万ポリゴンものデータサイズの位置合わせ及び統合化処理には2009年当時で約1カ月の期間を要した。

2．計測データの画像処理

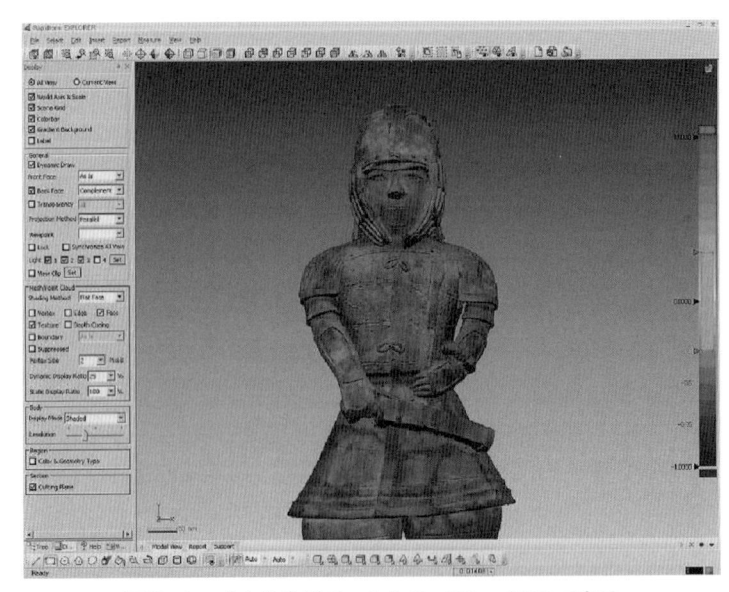

図②-3　武人像計測データをRapidformXOSで表示

　武人像の計測データは、調査・研究のためのライントレース作業を行なう参考資料とするため3DCGによる画像処理と原寸サイズのプリント出力を行なった。以下、使用機材と手順について記す。

（1）レンダリングシステムへのデータ受け渡し
　計測データの画像処理にはAutodesk社の3DCG制作ソフトウェア3dsmax2010を用いた。以下にデータのフローを記す。
① smartSCANで計測・位置合せ・統合化処理を行なったポリゴンデータはPLY形式で書き出した。PLY形式は米国スタンフォード大学が公開している形式であり、CADや3次元計測分野でデータ交換形式として広く使われている。
② PLY形式の計測データはINUS Technology社の3次元計測データ処理システムRapidform XOSに読み込み、計測解像度の異なるFOV450とFOV225のデータの集約、3次元空間内での武人像の座標変換などを行ない、3dsmaxが読み込めるOBJ形式で出力した。武人像の座標変換に関しては「2-3．座標変換による基準位置の設定」で後述する。OBJ形式は1980年代に活動していたCGソフトウェア開発会社Wavefront社がCGのモデリングデータの交換のために公開した形式であり、今も多くのCGシステムでモデルデータの交換形式として使われている。ASCII形式のテキストとして取り扱うことができるためデータ容量は大きくなるが、トラブルが発生した場合の対応が容易であり、古くから使われているため動作が安定している。特に今回の武人像のようにデータ量が膨大な場合は、作業上のトラブルが起こることが予想されたためOBJ形式を中間形式とした。3dsmaxによる画像処理については次項で述べる。

```
3次元計測システム      3次元処理システム      3DCGシステム
   smartSCAN    →PLY→  Rapidform XOS2  →OBJ→  3dsmax 2010
```

（2）シェーディング・アルゴリズム
　今回は図化の目的に沿って2種類のシェーディングを行なった。

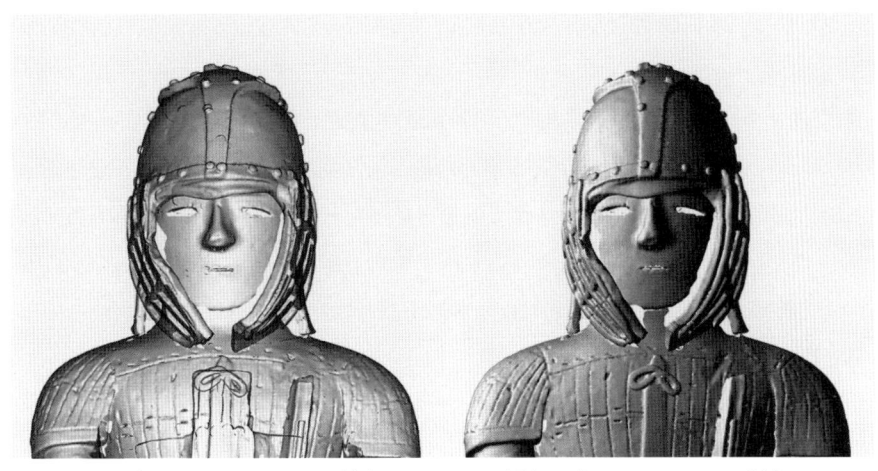

図②-4　フォールオフ（左）とフラット（右）の各シェーディング事例

①形状把握のためのシェーディング

　通常3DCGでポリゴンモデルを可視化する場合、3次元空間内に光源を置き、モデルを構成する各ポリゴンがどんな角度で光を受けるかを計算し、場所ごとに明るさの違いを計算、表示することでモデルの立体感を表現する。しかしこの方法では、光を受けない面の形状が把握できず、その解消のため影の部分にも光が当たるよう光源を複数個設置すると、今度は逆に全体が平面的になり立体感が把握できなくなる。

　そこで、光源を考慮したシェーディングを行なわず、カメラからの視線ベクトルと武人像モデルを構成するポリゴンの法線ベクトルの2つを角度を変数としたシェーディングを行なった。一般的にはフォールオフ・シェーディングと呼ばれる。まず武人像自身は黒色として設定し、視線ベクトルとポリゴンの法線ベクトルが重なる場合は透明、直行する場合は不透明と定義し両者の間を直線的に補完した。この方法だと、本来なら正面からは腕に遮られて見えない腰の輪郭も観察することができる（CGの分野ではX線的画像表現に用いる）。このシェーディングによって面の角度を透明度に置き換え、輪郭トレースの資料としていただいた。

②刷毛目観察のためのシェーディング

　フォールオフ・シェーディングでは、視線ベクトルとポリゴンの向きにより透明度を変化させて可視化を行なう。そのため、武人像を曲面的に覆う刷毛目は、たとえば側面から正面に回り込むと透過度が上がり消失するため、刷毛目の観察には向かない。そこで刷毛目観察のために、CGでは一般的なフラット・シェーディングを採用した。フラット・シェーディングは武人像を構成するポリゴンの向きと光源の方向の角度に基づいてポリゴンを照らす光の強さを計算するものであり、膨大なポリゴン量である武人像計測データの処理に適していた。光沢感を表現するハイライトなど観察の邪魔となる処理は行なっていない。また、一方向の光源だけでは充分な図化資料とならないため、光源の位置を変えた複数枚の画像処理を行なった。

（3）座標変換による基準位置の設定

　武人像の顔と体は同一方向を向いておらず、両目と鼻を基準として顔を正面に向けた場合、体全体がわずかに左に向くことがわかった。そこで今回の監修者である東京国立博物館の古谷毅氏と協議し、正面両肩を基準として方向を決定した。垂直方向は、頭頂部、鼻、腰、両足、台座中央を基準に確認を行なったが、計測時の設置方向と同一である。

（4）原寸出力とグリッド線の描画

　武人像計測データから作成した3次元モデルデータは、大きさがmm単位でデータに反映されている。計測シ

ステムから CG システムまでデータ処理を行なう過程で、計測データに対して拡大や縮小の変換は一切行なっていない。

　出力に使用したプリンターは EPSON-MC7000 で、360dpi 解像度にてプリントを行なった。360dpi 解像度で武人像を原寸出力するため、まず CG システム内に 500×1500mm の大きさの仮想フレームを作成し、この枠内に武人像データを配置し、さらに直行投影系のカメラで仮想フレームを 360dpi の解像度、即ち 7,087×21,260pixel の画素数でレンダリングした。レンダリング画像には 1cm 間隔の方眼線を描画した後、MC7000 で出力を行なった。出力に使用した紙は、伸縮が少なく長期保存が可能な製図用紙（ヤシマ産業（株）インクジェット用マイラーフィルム #300）を使用した。

③埴輪 盛装男子オルソイメージャーによる画像撮影

国際文化財株式会社　守谷健吾・武田芳雅
株式会社開研　岩倉正樹

1．はじめに

（1）本稿の目的

本稿は、2012（平成24）年度に國學院大學学術資料館（現國學院大學博物館）が策定した研究計画と、東京国立博物館の指導に基づき、国際文化財株式会社が行った「埴輪 盛装男子」（列品番号 J-20659　栃木県下都賀郡壬生町大字安塚ナナシ塚古墳出土）の正射投影画像撮影と画像処理について、使用機材であるオルソイメージャーの特徴を中心に述べるものである。

（2）撮影実施概要

撮影は以下の通り実施した。

　　日時：2012（平成24）年10月19日

　　場所：東京国立博物館資料館内　写場

　　作業者：守谷健吾・武田芳雅（国際文化財（株））、深澤太郎（國學院大學助教）、朝倉一貴（國學院大學大学院文学研究科）、北澤宏明・浅海莉絵（國學院大學文学部）

　　作業概要：オルソイメージャーを用いた等倍正射投影画像の撮影（正面・背面・右側面・左側面）

　　対象の規格：全高1,300mm　全幅440mm

2．オルソイメージャーの原理と特徴

（1）機材選定の経緯

2012（平成24）年8月に國學院大學の深澤氏より、2012（平成24）年度教員個人研究費「人物埴輪の研究に伴う計測・実測方法の開発」の実施にあたり国際文化財株式会社へ技術協力を要請し、上に挙げた大型人物埴輪の計測について実施方法の検討が行なわれた。計測の仕様は、対象資料の周囲4面の等倍正射画像取得で、主な条件については以下の通りである。

- ●撮影中、資料に触れることはできない。
- ●資料を回転台等、不安定な台に載せることはできない。
- ●成果物は実測図作成に耐えられる精度・品質を有する。
- ●作業時間は13時～16時までの3時間とする。

これらの仕様・条件を満たす方法について国際文化財（株）社内で検討した結果、正射影撮影システム「オルソイメージャー」の使用が適切であろうとの結論に達した。

（2）オルソイメージャーの概要と開発の経緯

今回使用するオルソイメージャーは、立体物の正射投影像撮影のためのテレセントリック光学系を利用した装置である。国際文化財（株）の前身である国際航業（株）文化事業部において、埋蔵文化財の実測図作成の作業効率化と精度向上を目的として開発された。

東京大学名誉教授村井俊治氏の要請により、白澤章茂氏が考案した放物面鏡を利用する正射影撮影システムを基に（株）開研と国際航業（株）の共同開発によって試作機が設計・製造され、2008（平成20）年に特許を取得した。

（3）正射投影画像撮影の原理と利点

従来、複雑な形状を有する埋蔵文化財の実測図に際して、望遠レンズを利用した写真計測は広く行なわれてきた。しかし、収束光学系と呼ばれる通常の撮影レンズは、遠近感を表現する性質を有するため、対象が同じ大きさでも、近ければ大きく、遠ければ小さく写ることになる。これによって得られる画像は、中心投影図、あるいは透視投影図と呼ばれるものであり、平行投影法を基本とする埋蔵文化財の実測図作成（記録・計測）には適切ではない（図③-1）。

この現象を最小限にするため、長望遠レンズを利用して長距離から撮影する方法が用いられてきたが、対象の位置による像倍率の変化は原理上完全には除去できず(1)、長大な作業スペースが必要となることも問題であった。

一般的には、このような像倍率の変化を除く手段として、平行光束（入射画角ゼロ）による光学系（テレセントリック光学系）を使用する方法が考えられる。テレセントリック光学系では、撮影対象の位置による像倍率の変化は発生しないため、得られる画像は実質的に平行投影像となる。この性質は対象物の形状・大きさなどを記録する際に有効であり、文化財の記録用途にも適している（図③-2）。

産業分野においては屈折光学系による精度管理用の製品が存在するが、文化財などを目的とした大口径のもの

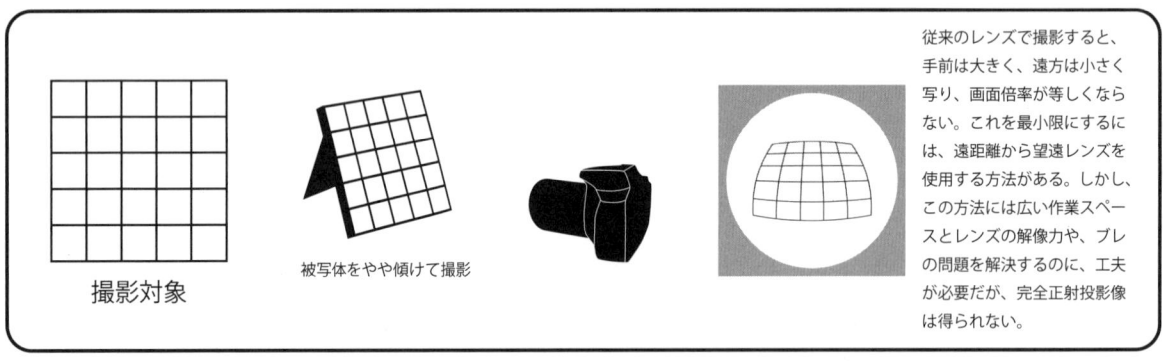

図③-1　収束光学系

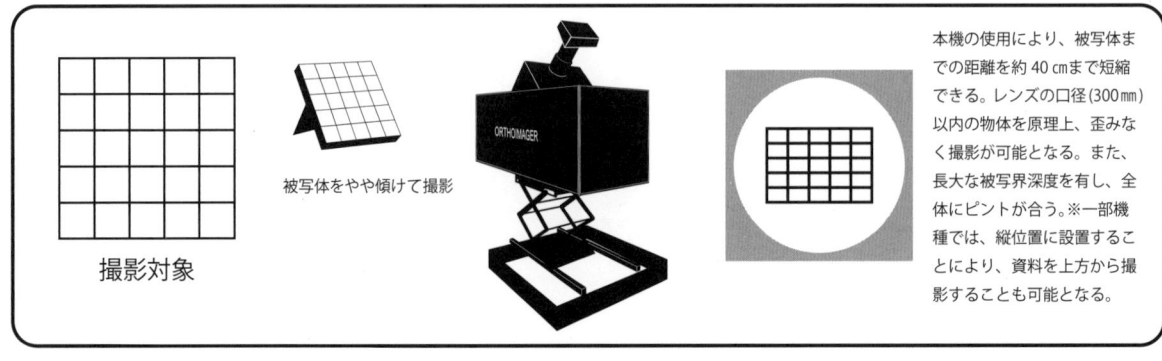

図③-2　テレセントリック光学系

を製造するには制約も多く、製造できたとしても高額になる欠点がある。しかし、テレセントリック光学系は、凹面鏡を利用しても形成することができる。オルソイメージャーはこれに注目して開発されたものであり、凹面鏡の利用は製品としての特長ともなっている。

（4）分割撮影による大型資料の記録

テレセントリック光学系では、その性質上、対象から離れても撮影範囲が拡大することがないため、撮影しようとする対象物と同径以上の入射口径が必要となる。オルソイメージャーでは、現実的に用意できる凹面鏡の口径がその制約となっている。現時点では、主鏡の口径は大きいもので300mmであり、カメラを横位置にした場合、高さ156mm×幅237mmが一回での撮影可能範囲となる。[2]

とくに文化財を対象とした場合、上記の撮影範囲では不足するケースが多い。しかし、撮影位置による歪みが発生しないオルソイメージャーの特性により、光学系自体を撮影面に対して水平・垂直に動かすことができれば、撮影した画像を繋ぎ合わせることで、一枚の大きな正射投影画像を取得することができる。これを目的として設計・製造した可動台と組み合わせることによって、実質的な撮影可能範囲は550mm×500mmまで拡大する。なお、可動台のレール等を拡張すればこれ以上の撮影範囲を得ることも可能である。

分割して撮影した画像の合成には、主にAdobe社のphotoshopを利用している。撮影したデータは、一枚の平面が分割された形の画像となるため、ここでは歪み補正等に関わる特別な加工は行なっていない。[3]同ソフトウェアにはphotomergeなどのパノラマ画像合成機能も搭載されており、作業効率化のために使用している。ただし、この際も歪み補正は行なわず、画像間の位置合わせのみで運用するものとしている。

3．「埴輪 盛装男子」撮影の実施について

（1）準備段階（リハーサル）

今回、撮影対象とした「埴輪 盛装男子」は全高1,300mm以上を測り、オルソイメージャーと上記の可動台の昇降能力のみでは撮影が不可能であったため、昇降機能付きの作業台を用意した。[4]これにより、撮影可能な高さは1,400mmまで拡大することができた（図③-3）。しかし、作業実施時、とくに上昇・下降動作中の水平確保や4

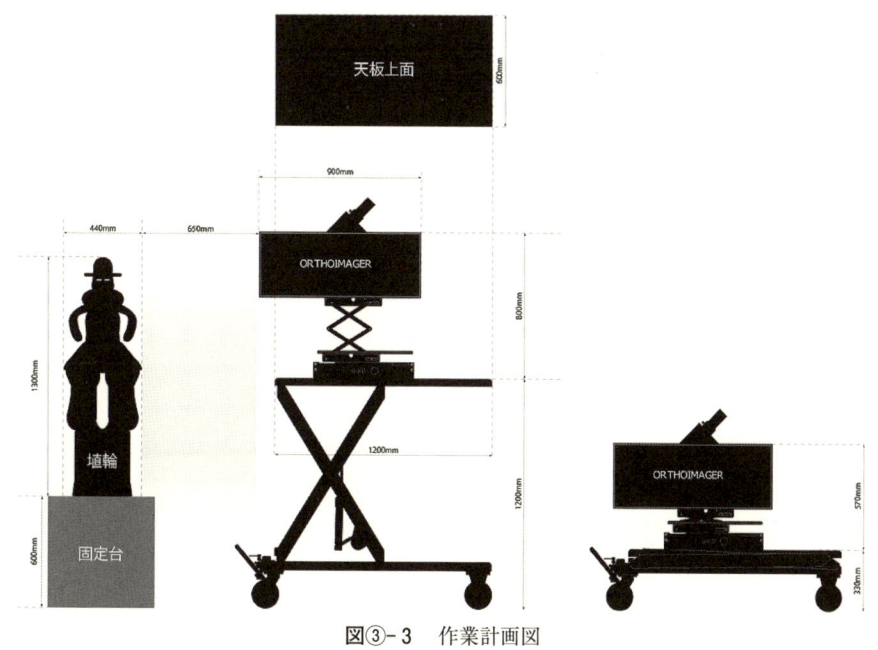

図③-3　作業計画図

図③-4　分割撮影模式図

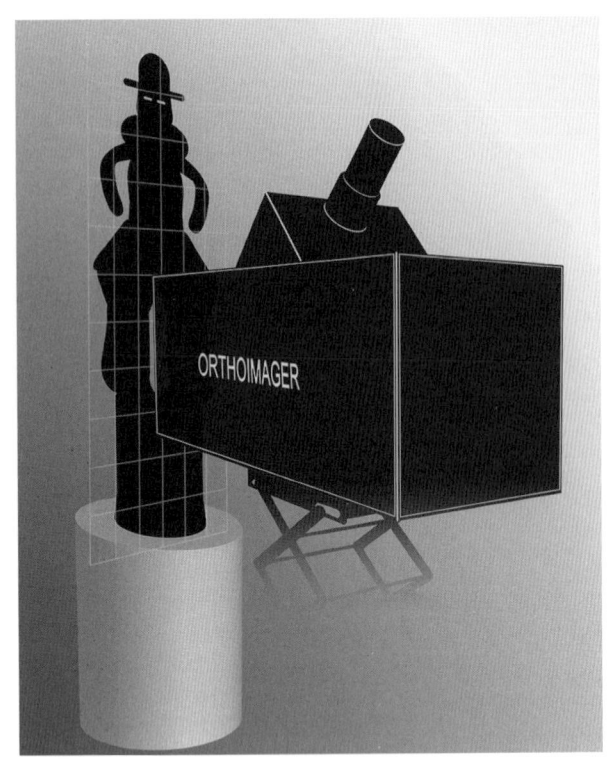

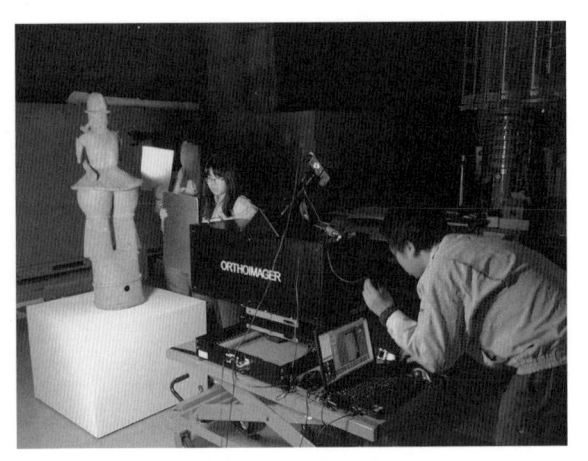

写真③-1　撮影実施状況

方向撮影のための移動方法など不確定の要素が残り、また、実際の操作手順や作業ヤードの面積内で実施方法などを事前確認する必要性が発生した。そのため、國學院大學学術資料館（現國學院大学博物館）の写場においてリハーサルを実施した。

　その結果、動作時の水平確保については問題なく、一面の撮影枚数は最大で縦方向8段×3段の24カットを想定し（図③-4）、これを4面撮影した場合でも所要時間は3時間に収まることなどを確認した。機材の移動については、作業場所の面積で十分に可能であり、撮影対象を設置した後、事前に床面へ撮影位置をマークすることで4面展開の精度も確保できた。

　ここで確認できた作業手順の概要については、以下の通りである。

　1．準備：撮影対象資料設置。撮影位置を床面にマーク。
　2．移動：オルソイメージャーを撮影位置に移動。固定する。
　3．撮影：可動台を動かしつつ、分割撮影。
　＊手順2・3を4面分繰り返す。

（2）分割撮影の実施

　上記で確認した作業手順に基づき、2012（平成24）年9月27日付で東京国立博物館へ対象資料の熟覧・撮影を申請し、10月17日付の東博研第107-124号により特別観覧の許可を受けた。作業は、10月19日に東京国立博物館において実施した（写真③-1）。機材の開口部は最大で1,400mmの位置まで上昇するため、カメラ側のファインダーは使用できず、ファインダー内の映像を制御用のノートPCでモニタし、画像同士の重なりを実際に確認しつつ分割撮影を行なった。

　ライティングについても写真撮影用蛍光灯とレフ版を使用し、対象表面の調整痕などが強調されるよう注意を払った。また、極端な暗部・明部については随時露出や光源方向を調整して撮影カットを追加し、幅広い諸調性を確保した。一面の撮影が完了するごとに、正面、右側面、背面、左側面の順に機材を移動。移動後は、テスト

図③-5　分割撮影模式図

撮影を行ない各面の位置が同調するよう微調整した上で本番撮影に移行した。

　ライティング変更のカット追加等により最終的な撮影枚数は、正面36カット、右側面26カット、背面33カット、左側面22カットとなった。撮影データは原則的にrawデータとして記録し、後日デジタル現像処理を行なうもの[7]とした。

（3）画像合成処理

　現地で記録されたrawデータは、諧調性、色調などを実際に即して調整した上で、デジタル現像処理を行ない非圧縮jpgファイルとして出力した。

　これらを各撮影面ごとに合成し、4面の展開画像を作成した（図③-5）。画像の大きさは、正面と背面で高さ約19,800px×幅7,200px、両側面で高さ19,800px×幅6,400pxとなり、各画像は解像度391dpiのとき原寸となる[8]。

　ここで作成した画像データは大容量となるため、各面毎の画像をpsdデータのまま保存するものとした。4面を一枚に配置した画像については、容量が2Gbyteを超えたため、そのままpsb型式（photoshop大容量データ型式）に保存したものと、使用時の利便性を考え、画素数を半分以下に間引き144dpiで原寸となるようにした2種類を用意した。

　また、実測図作成支援のため、用紙出力用として、各面に10mm・5mm・2mmの方眼を表示した。

4．展　望

　2に述べた通り、オルソイメージャーで撮影された画像は、従来、埋蔵文化財の記録として作成されてきた実測図との親和性が高く、実際に実測作成の支援目的として日本各地及び一部海外でも実績を重ねつつある。今回の撮影対象となった人物埴輪は、その中でも最大級の資料であり、計測を目的とした正射投影画像撮影のあらたな指標ともなった。

　あくまでも写真として記録するため、3次元情報を取得する方法に比して簡便であるという利点を有し、資料の形状と同時に色彩・質感などを同時に記録できる一つの方法として、今後の発展に努力したい。

註

（1）　600mmのレンズを使用し、撮影対象を 6 m の距離に置いた場合、6 m の後側、5 mm、10mm、20mmにおいて、それぞれ0.08％、0.17％、0.33％の縮小となる。

（2）　オルソイメージャーは、撮像素子として市販のレンズ交換式デジタルカメラを使用する。2012年時点では、カメラマウントはNikon Fマウントで、設定はAPS-Cサイズに最適化されていた。今回の撮影で使用した機材はNikon D300（CMOS 1200万画素）である。

（3）　正射投影画像の性質として、理論上周辺部に歪みが発生しないため、「一枚の絵を切り分けた」状態の画像となり、位置を移動するのみで合成が可能である。通常の収束光学系による画像をパノラマ合成する場合、各画像周辺部の歪みを補正することになる。

（4）　Trusco 中山、耐荷重500kg

（5）　Nikon Camera Control Pro2使用。また、撮影画像が多数・大容量となるため、画像は常時PC側のストレージに保存。

（6）　銀一　Digisoft Light　高演色評価写真撮影用蛍光灯

（7）　今回記録したrawデータはnef（Nikon Electronic image Format）型式、現像処理はNikon Capture NX2使用。

（8）　デジタル画像の場合、対象物の実際の大きさを定義するのは、単位（通常 1 inch）あたりのドット数（dot per inch ＝ dpi）（px ＝ dot）となる。

埴輪 挂甲武人〔旧修理〕　　　　PL 1

全景（正面）[1973年]

PL 2

全景（背面）[1973年]

PL 3

全景（正面）［1981年］

PL 4

全景（背面）［1978年］

全景（左斜正面）［1978年］

全景（右斜正面）［1981年］

全景（左斜正面）［1981年］

埴輪 盛装女子〔修理前〕　　　　　　　　　　PL 5

全景（正面）［1981年］

PL 6

全景（背面）[1981年]

PL 7

全景（右斜正面）[1981年]

全景（左斜正面）[1981年]

全景（右斜正面）[1981年]

全景（左斜背面）[1981年]

PL 8　　　　　　　埴輪 盛装女子〔修理中〕

破片接合状況（含む未決分）〔上：表面、下：裏面〕

PL 9

破片接合状況（除く未決分）[左：表面、右：裏面]

修理前破片（未決分）[左：表面、右：裏面]

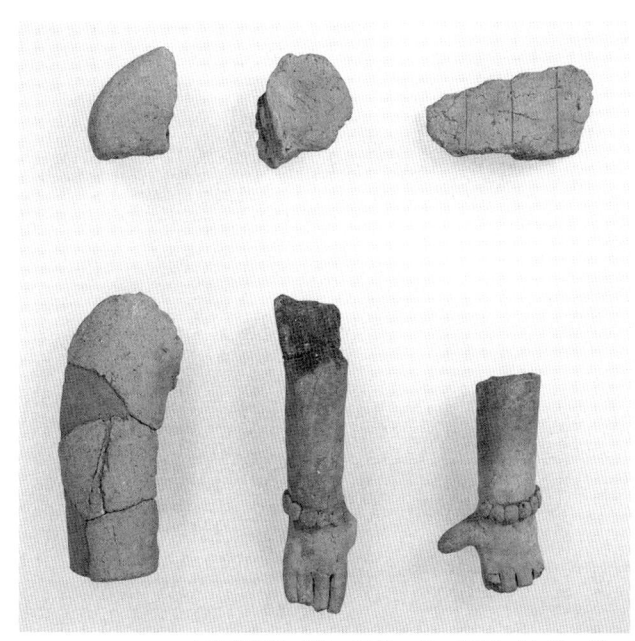

上半身破片（左：表面、右：裏面）[上段：髷・裳部分、下段：両手・腕軸部分、左腕・筒袖部分]

- 101 -

PL 10

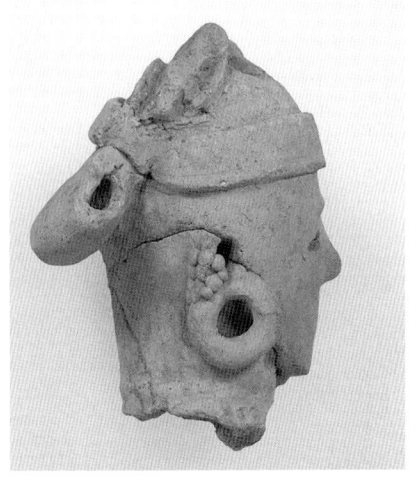

頭部（左：右側面、中：正面、右：左側面）

頭部（上面）

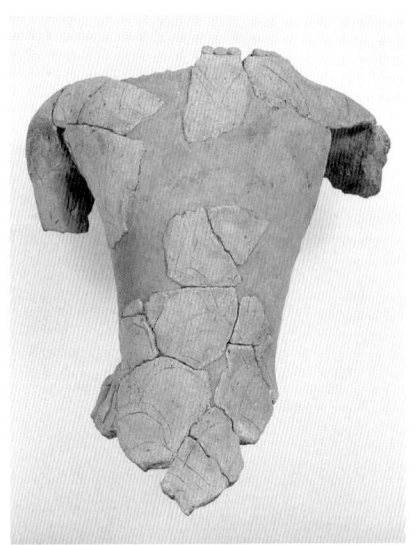

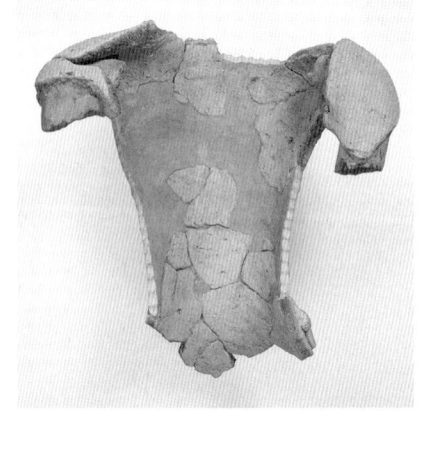

胴部（背面）破片接合状況　［左：表面、右：裏面］

頭部（背面）

胴部（正面）破片接合状況　［左：表面、右：裏面］

脚部（左側面：上衣裾・裳部分）破片接合状況　[左：表面、右：裏面]

脚部（右側面：上衣裾・裳部分）破片接合状況　[左：表面、右：裏面]

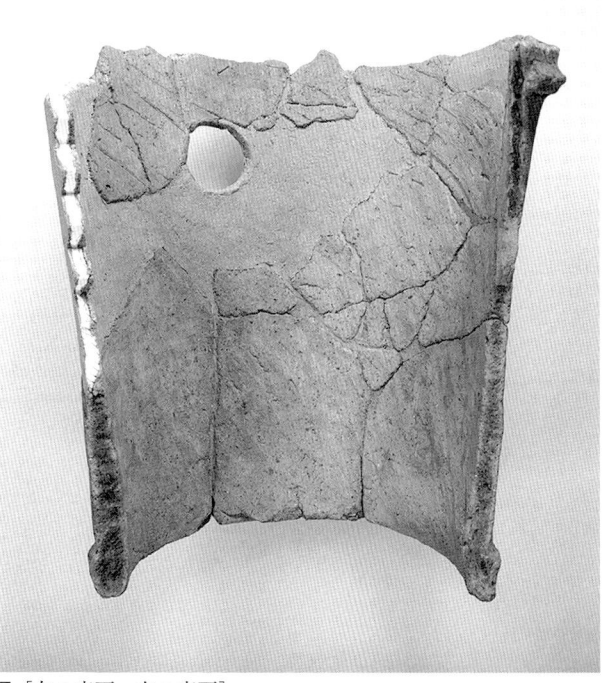

台部（左斜正面）破片接合状況　[左：表面、右：裏面]

PL 12

頭部（左斜面） 　　　頭部（正面） 　　　頭部（右斜面）

頭部（上面） 　　　頭部（左側面） 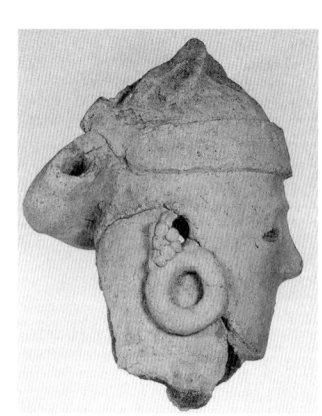　　　頭部（右側面）

頭部（上面）前髷部分剝離状況 　　頭部（下面） 　　頭部（下面）頭頂部分閉塞状況

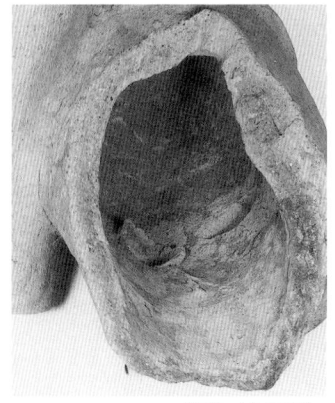

頭部（左下面） 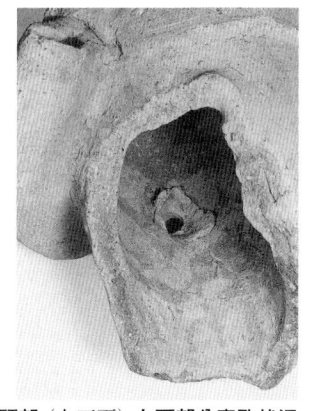　　頭部（右下面）左耳部分穿孔状況 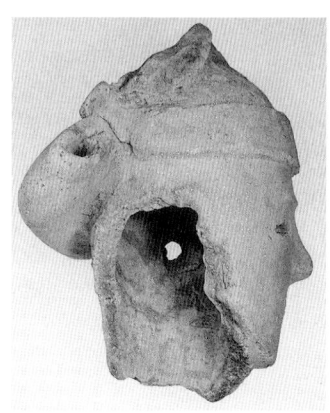　　頭部（右面）右頸部分破片剝離状況

- 104 -

PL 13

髷右前部分破片［上左：表面・上面方向、上右：裏面・下面方向、下：裏面・背面方向］

髷左前部分破片［上：内面・上面方向、下：下面］

右頸部分破片［左：表面、右：裏面］

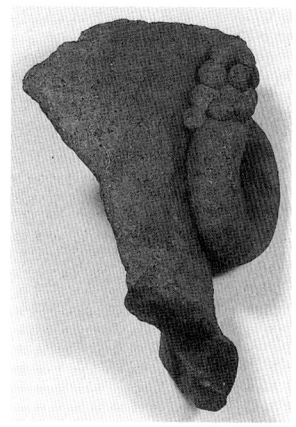

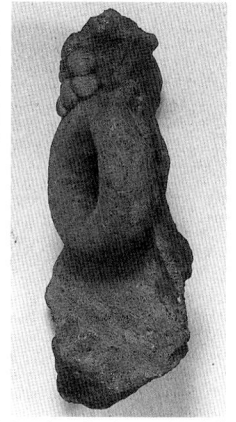

右頸部分破片［左：表面・背面方向、右：裏面・正面方向］

右肩後部分破片（表面）

右肩後部分破片（裏面）

右肩後部分破片（表面）［斜上方向］

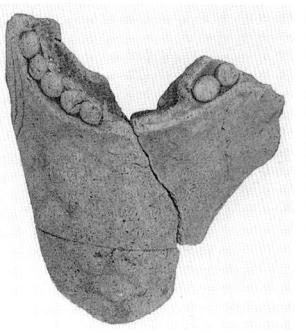

右肩右側部分破片［左：表面、右：裏面］

− 105 −

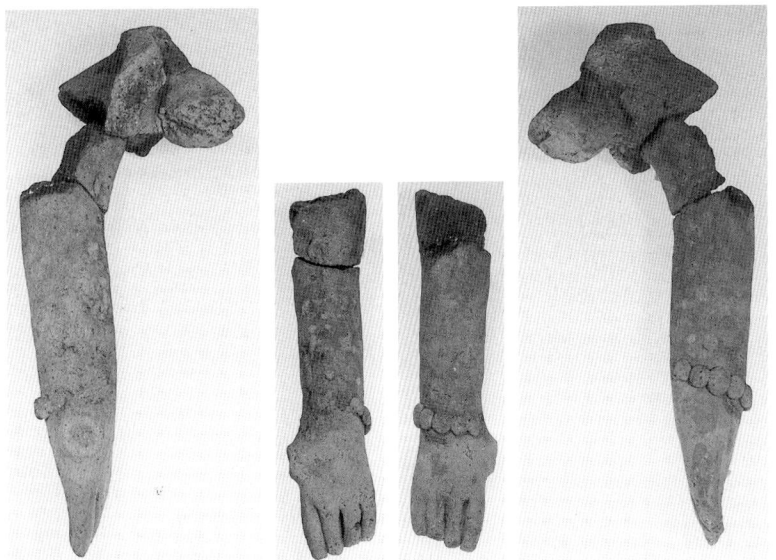

PL 14

右肩・右腕軸部分破片 [左：正面方向、中左：内面方向、中右：右側面方向、右：背面方向]

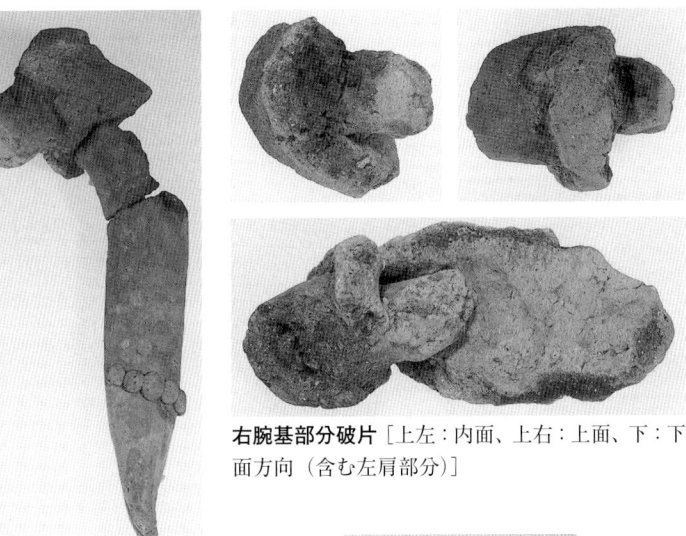

右腕基部分破片 [上左：内面、上右：上面、下：下面方向（含む左肩部分）]

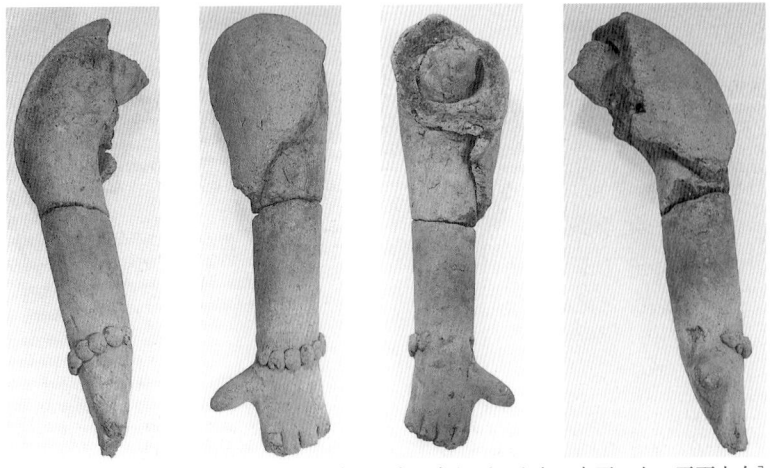

左肩・左腕軸部分破片 [左：背面方向、中左：左側面、中右：内面、右：正面方向]

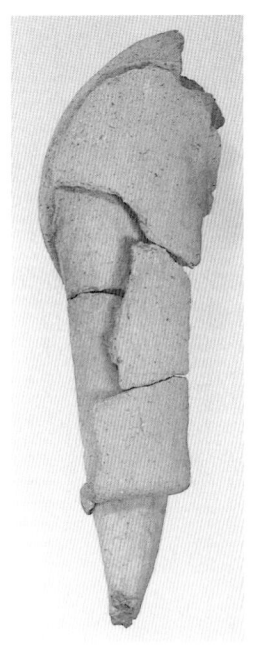

左肩・左腕部分破片 [背面方向] 接合状況

左腕筒袖部分破片 [左：表面、右：裏面]

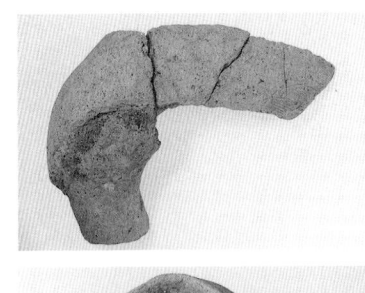

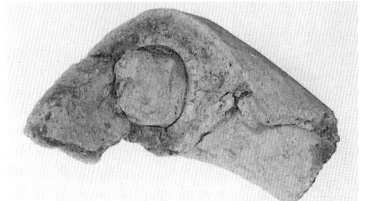

左肩・左腕基部分破片 [上：表面・背面方向、下：断面・下面方向]

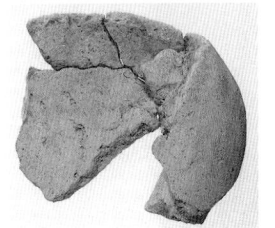

左背・左肩部分破片 [上：表面・背面方向、下：裏面・正面方向（含む左腕基部分）]

- 106 -

PL 15

左胸部分破片［左：表面、右：裏面］ 　　　　右胸部分破片［左：表面、中：裏面、右：断面・斜下面方向］

左前胴部（上衣前裾部分）破片［左：表面、中：裏面、右：表面・上衣袷部分（拡大）］

左後胴部（上衣左脇部分）破片［左：表面、右：裏面］ 　　　左後腰部（上衣裾部分）［断面］

左腰部（上衣裾・裳部分）破片接合状況［表面］  　　　左腰部（上衣裾・裳部分）各破片［左：表面、右：裏面］

- 107 -

PL 16

後腰部（上衣裾・裳部分）破片接合状況［表面］

後腰部（上衣裾・裳部分）破片［左：裏面、右：裏面各部］

後腰部（上衣裾・裳部分）破片［上：表面、下：裏面］

脚左部（裳・器台部分）［左：表面、右：裏面］

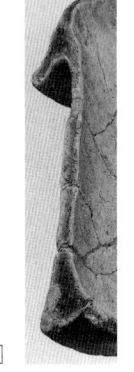

脚後部破片［裏面・断面］

PL 17

脚前部（裳・器台部分）破片［表面］

脚後部（裳・器台部分）破片［左：表面、右：裏面］

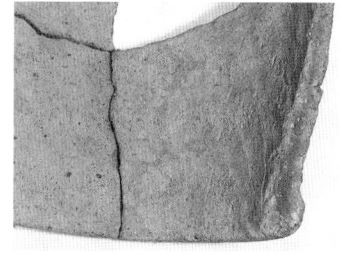

器台裾後部破片（拡大）［裏面・断面］

左後腰部（上衣裾部分）各破片［左：裏面、右：表面］

器台裾後部破片［上：表面、下：裏面］

器台左側部破片［上：基部裏面、下：裾部裏面］

器台左側部破片［表面］

器台右前部破片［左：表面、右：裏面］

器台右側部破片［上：裏面・断面、下：表面］

PL 18 埴輪 盛装女子〔修理後〕

全景（正面）［2005年］

PL 19

全景（背面）

PL 20

全景（右斜正面） 　　　全景（左斜正面）

全景（右側面） 　　　全景（左側面）

埴輪 盛装男子〔修理前〕 PL 21

全景（正面）［1979年］

PL 22

全景（正面）［1980年］

- 114 -

全景（背面）[1980年]

PL 24

全景（左：右斜正面、右：左斜正面）［1979年］

全景（左：右斜正面、右：左斜正面）［1980年］

埴輪 盛装男子〔修理中〕（除、上段左） PL 25

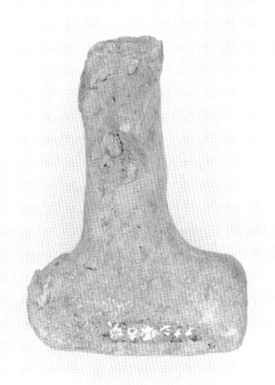

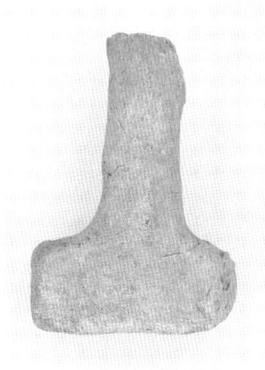

美豆良破片［左：表面、右：裏面］

全景（正面）［1978年］

破片接合状況［左：正面、右：背面］

PL 26　　埴輪 盛装男子〔修理後〕

全景（正面）〔2013年〕

PL 27

全景（背面）

PL 28

全景（左斜正面）

全景（左：右側面、右：左側面）

埴輪 挂甲武人 〔旧修理〕　　　　　PL 29

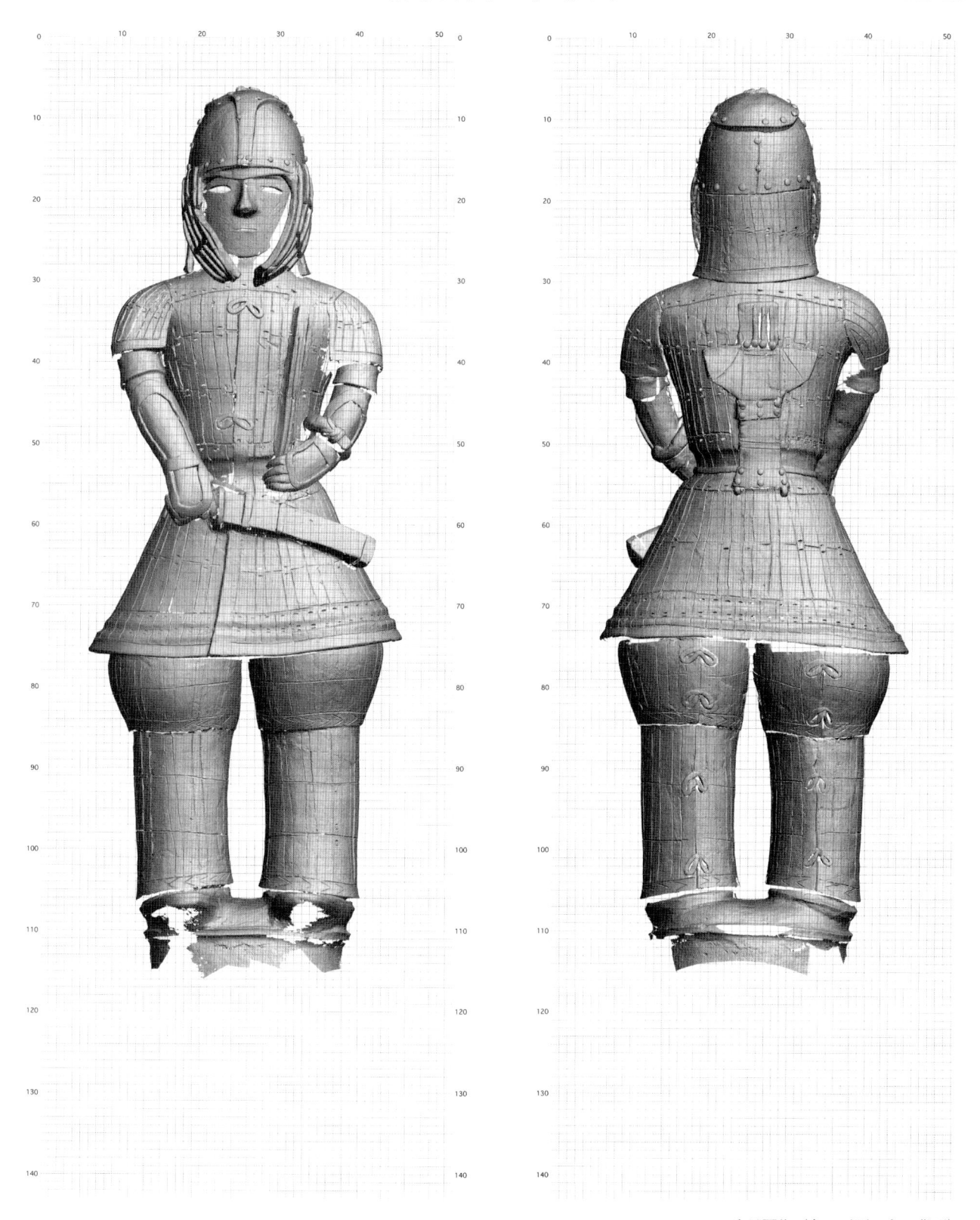

三次元画像（左：正面、右：背面）

PL 30

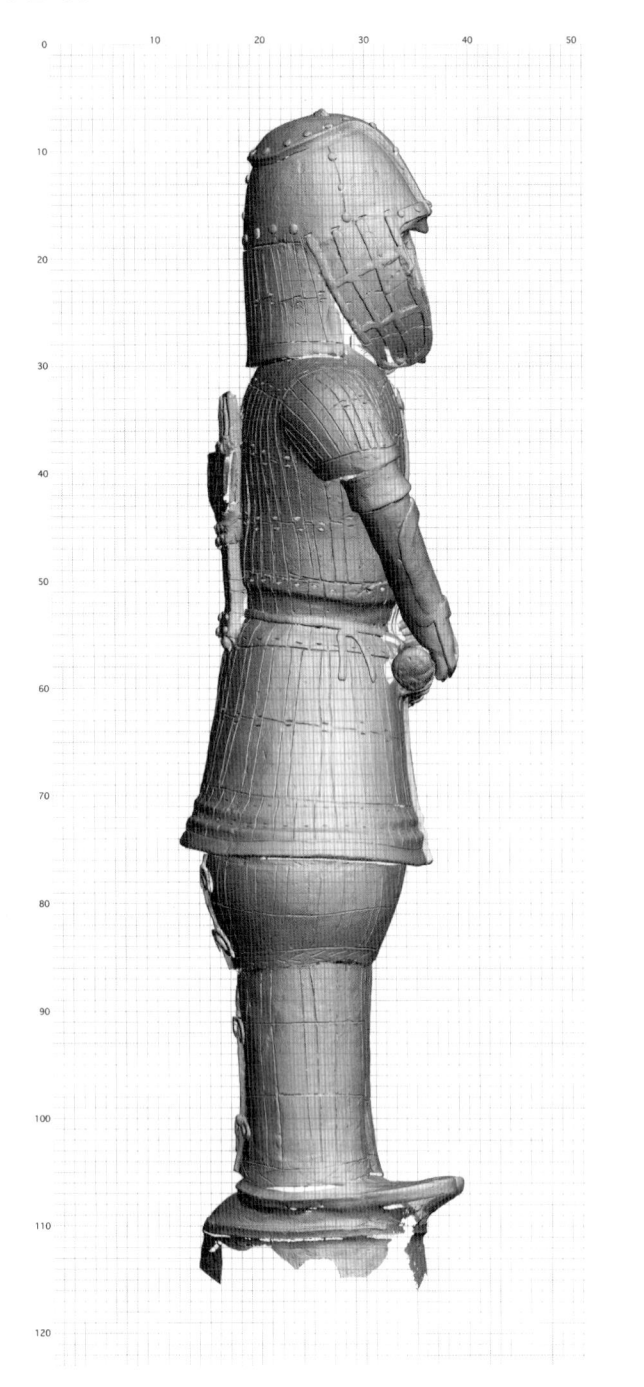

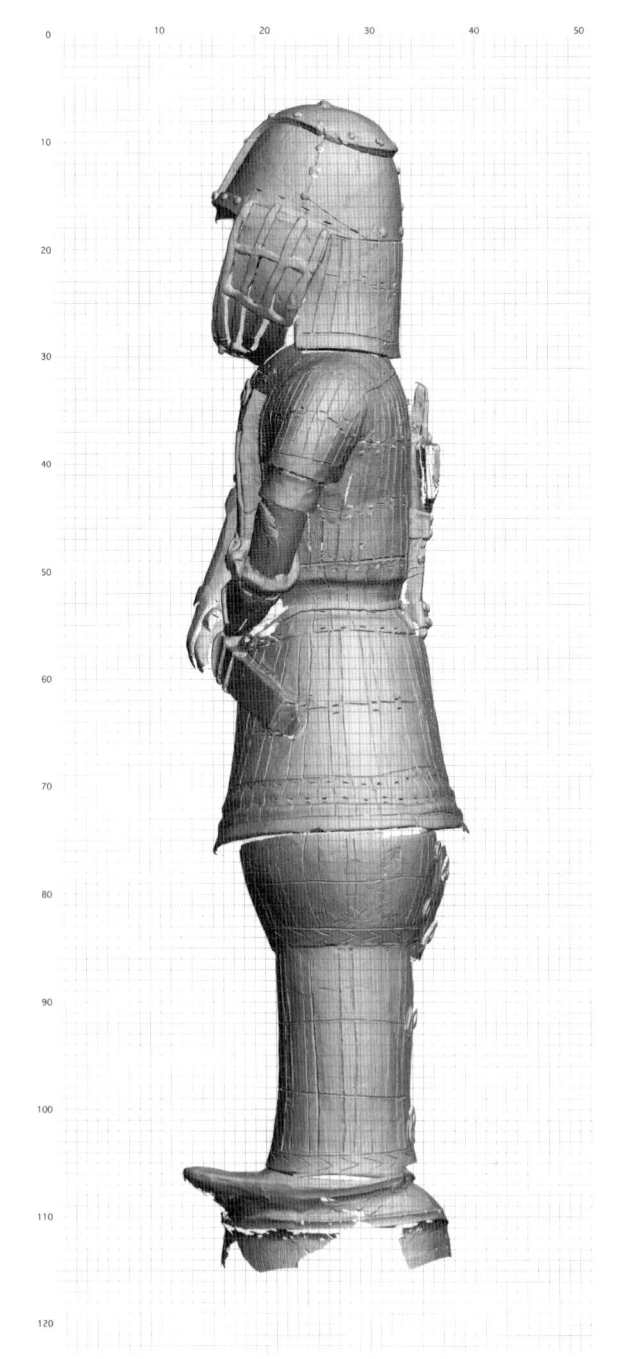

三次元画像（左：右側面、右：左側面）

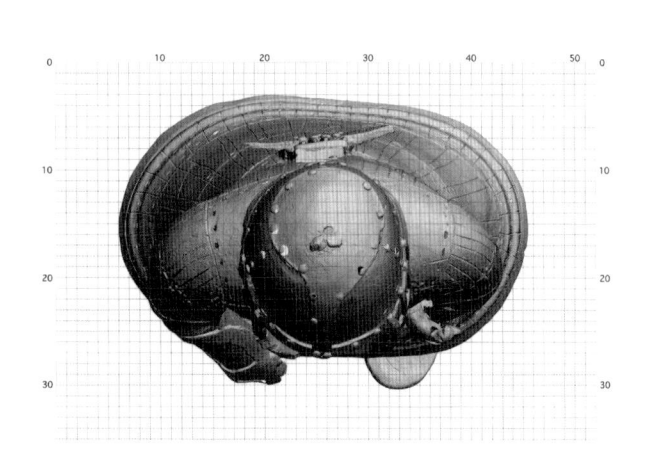

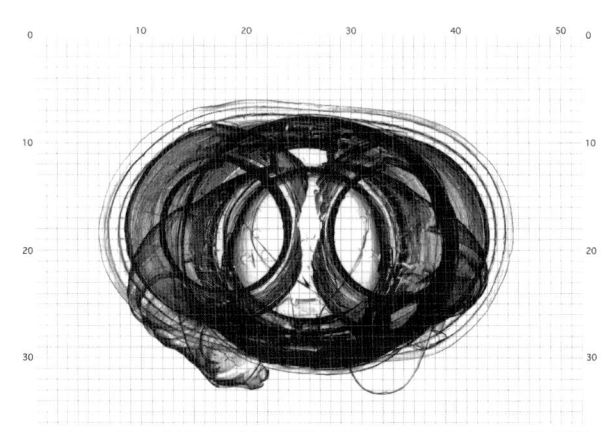

上面［左：三次元画像、右：フォールオフ処理画像］

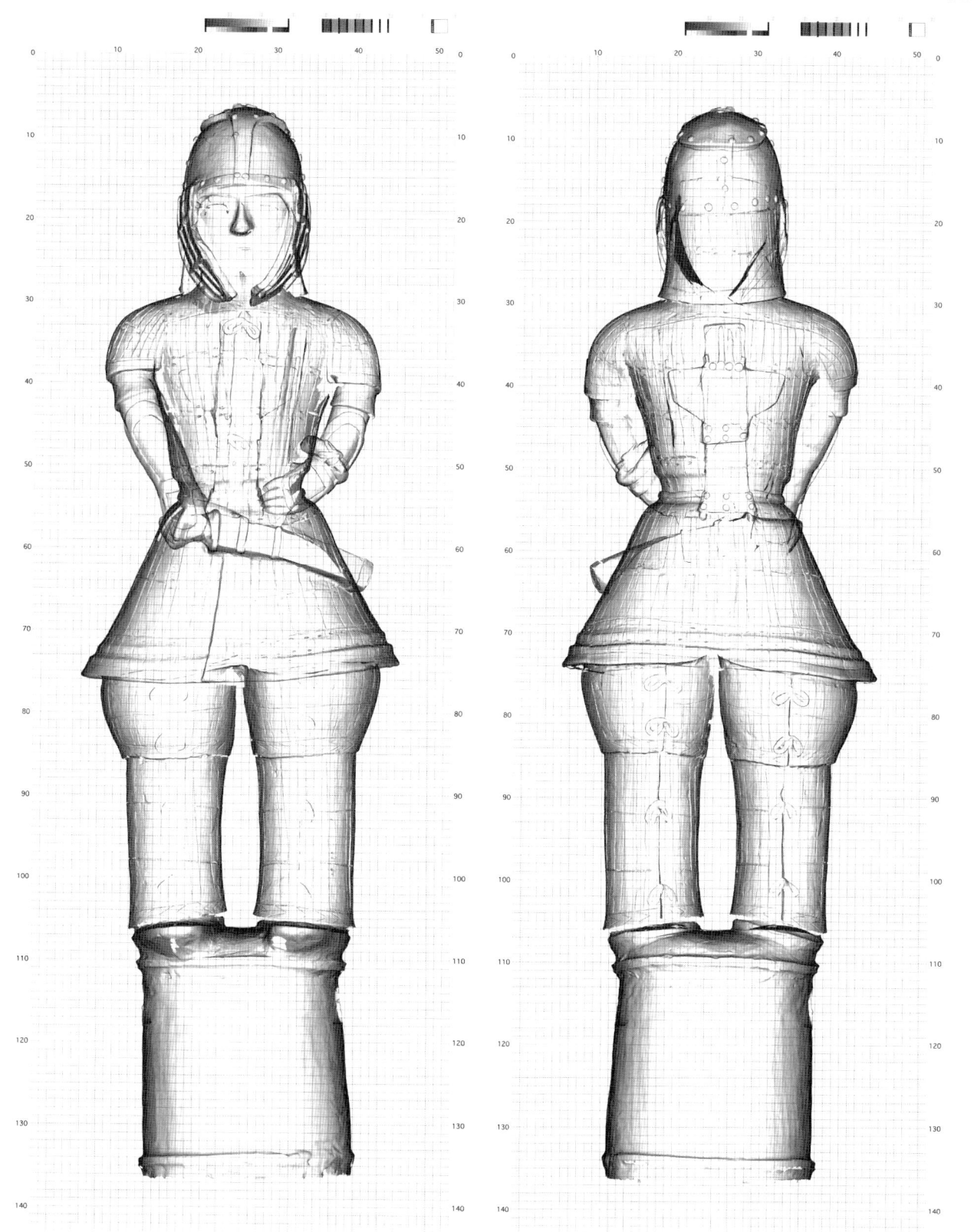

PL 31

フォールオフ処理画像（左：正面、右：背面）

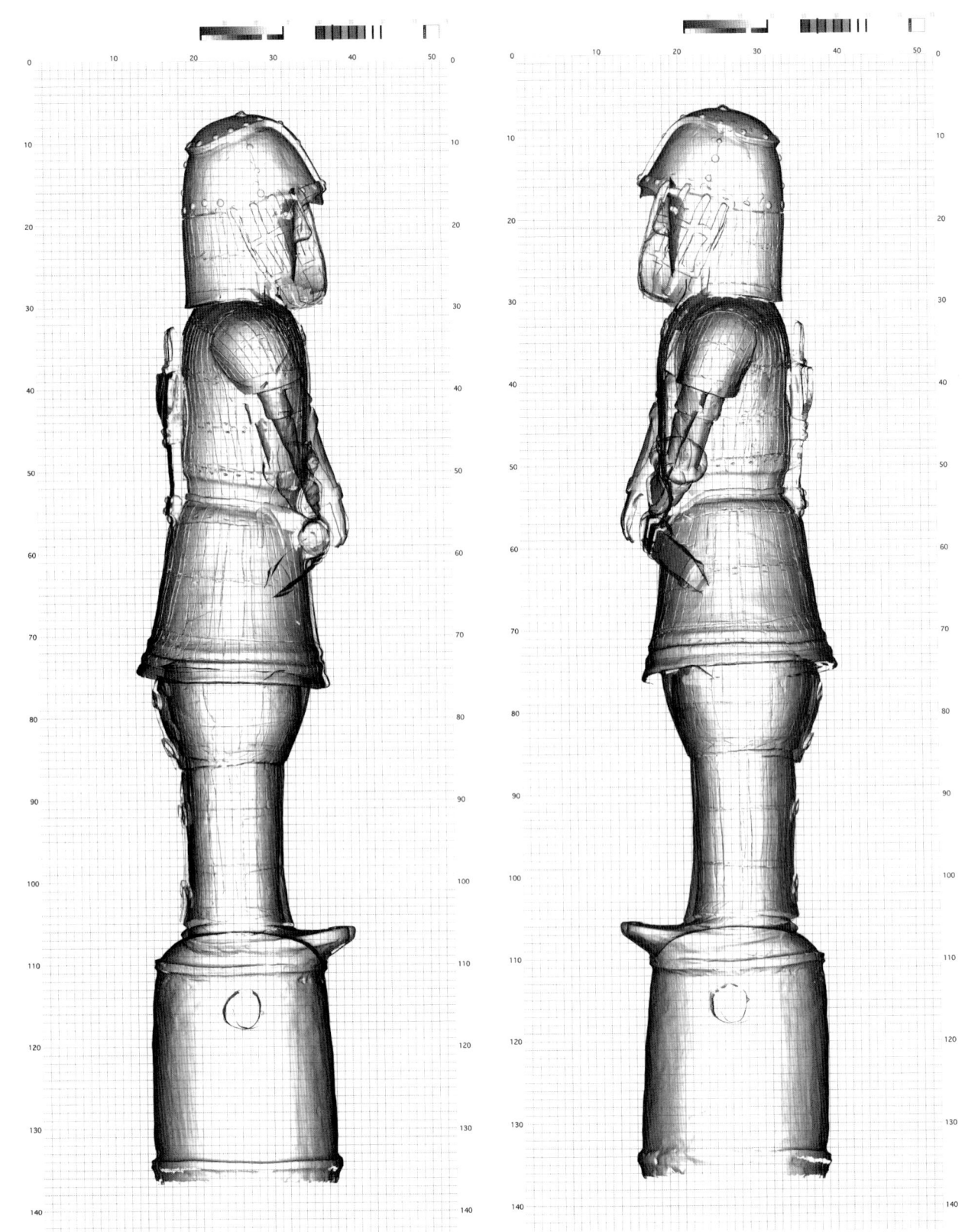

PL 32

フォールオフ処理画像（左：右側面、右：左側面）

埴輪 盛装男子〔修理後〕 PL 33

テレセントリック光学系画像（左：右側面、右：正面）

PL 34　　　　　　　埴輪 盛装男子〔修理後〕

テレセントリック光学系画像（左：左側面、右：背面）

埴輪 盛装男子〔修理後〕

埴輪 挂甲武人〔旧修理〕　　　PL 35

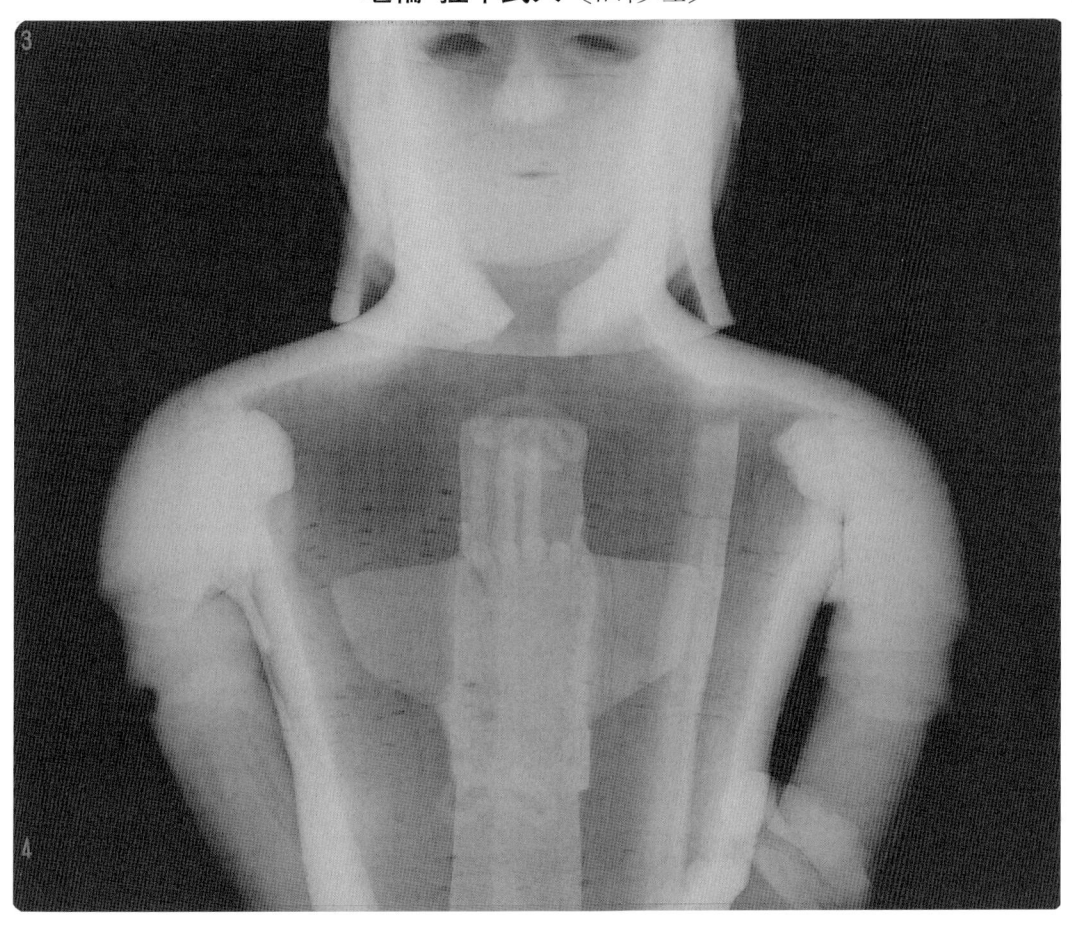

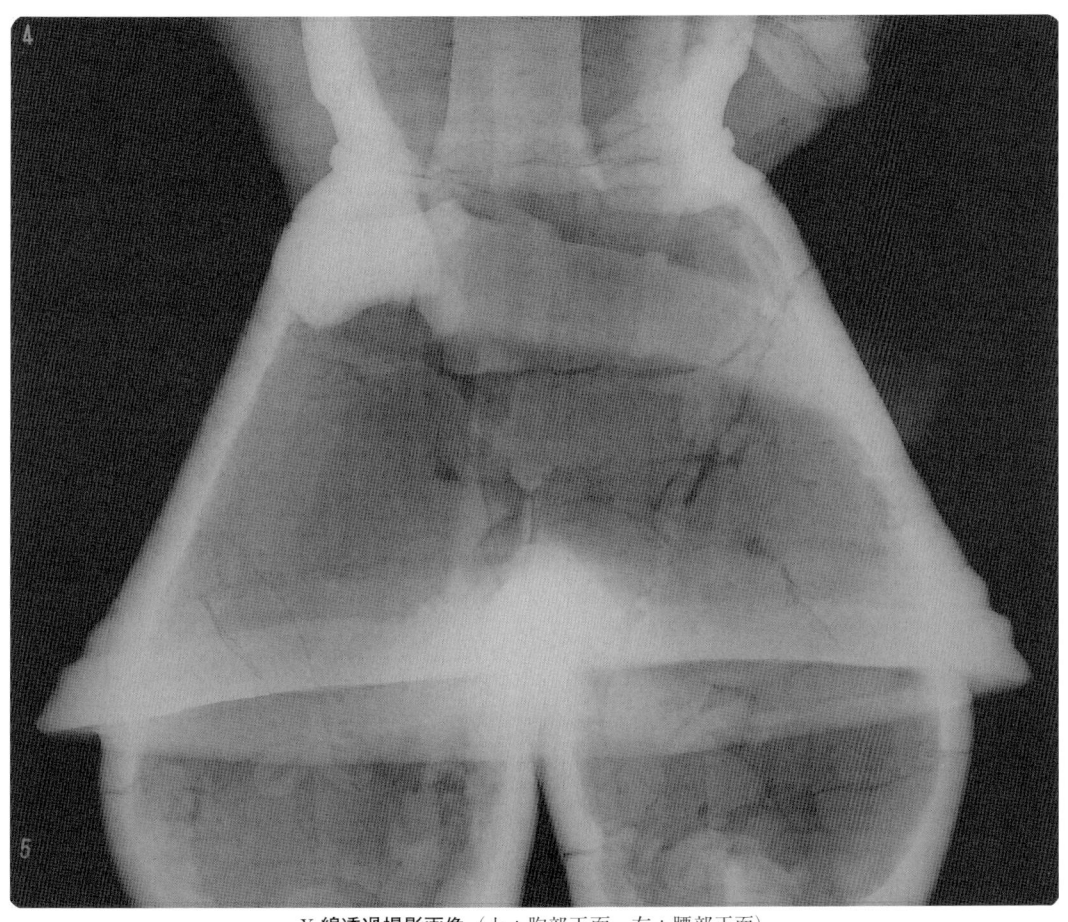

X線透過撮影画像（上：胸部正面、右：腰部正面）

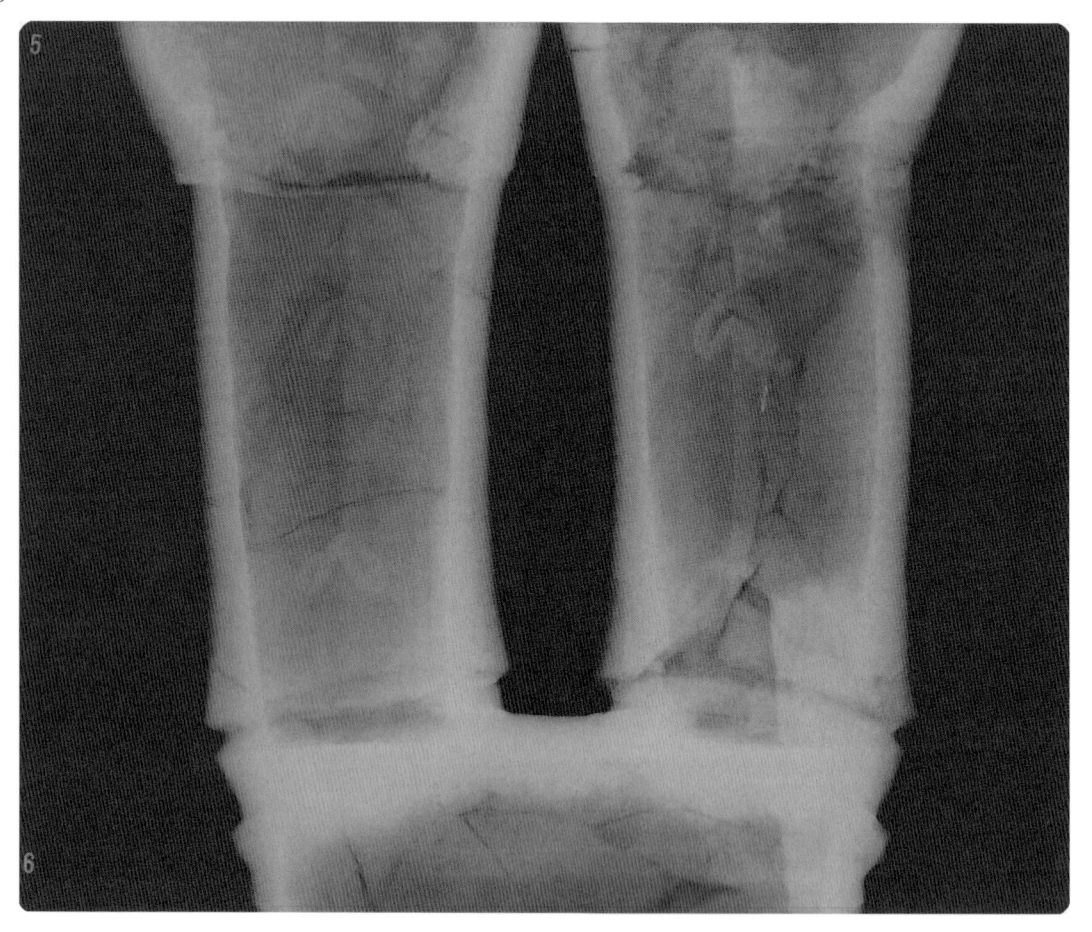

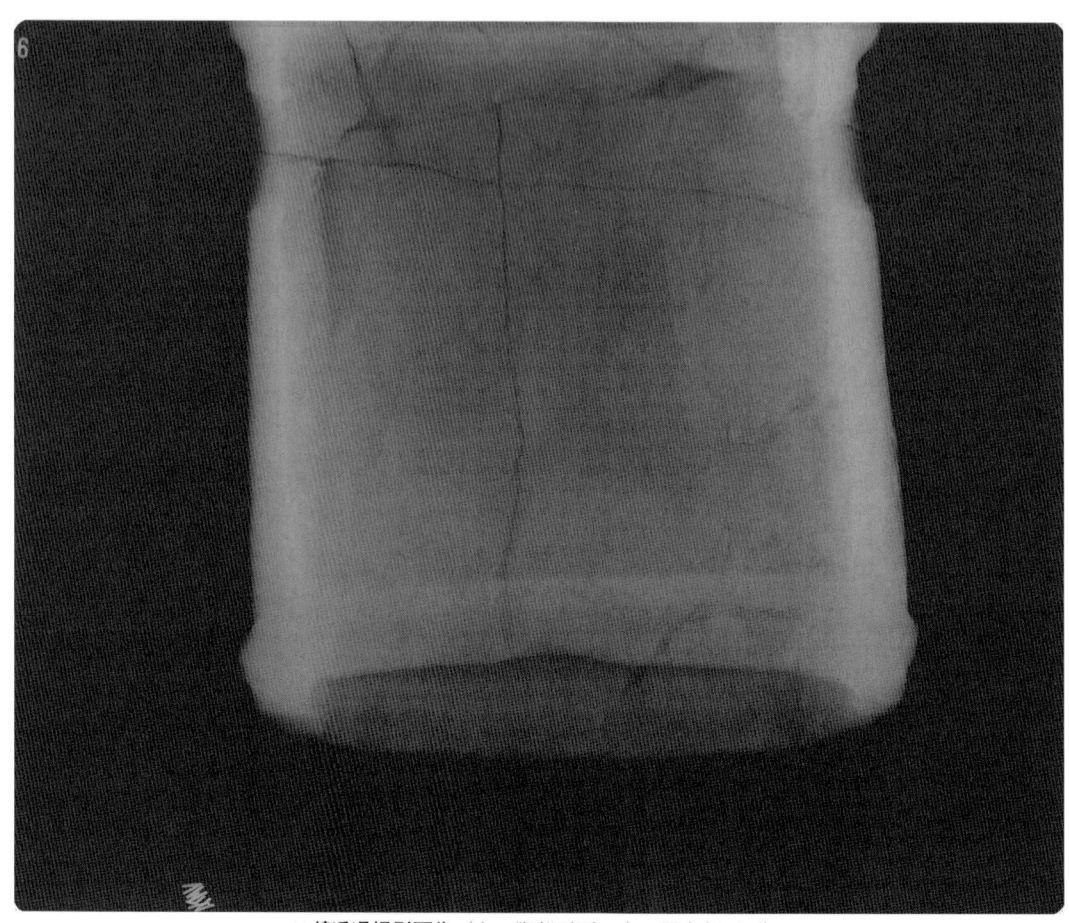

X線透過撮影画像（上：脚部正面、右：器台部正面）

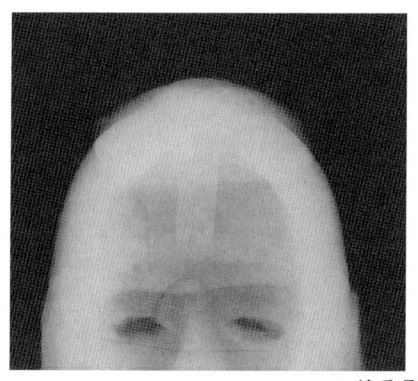

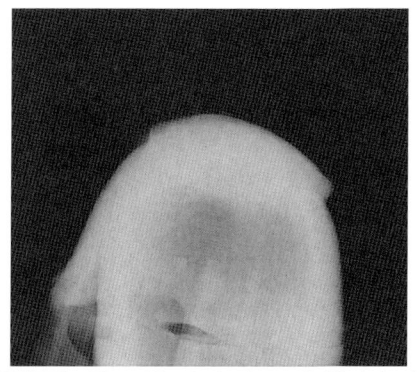

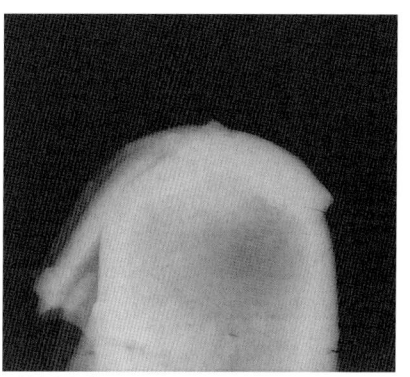

X線透過撮影画像（左：頭部正面、中：頭部斜正面、右：頭部側面）

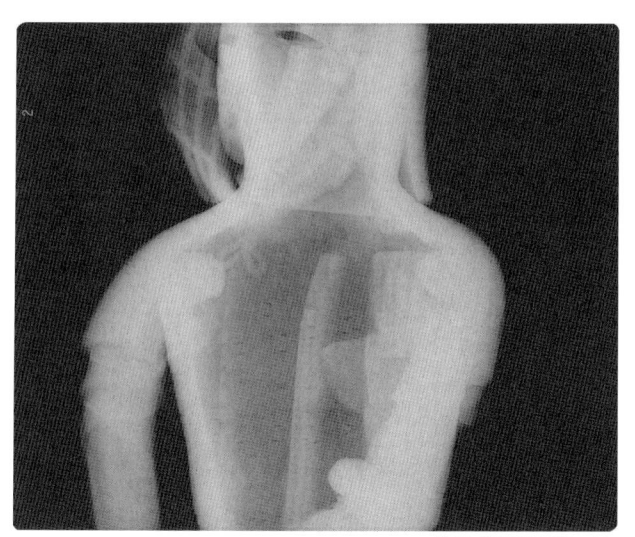

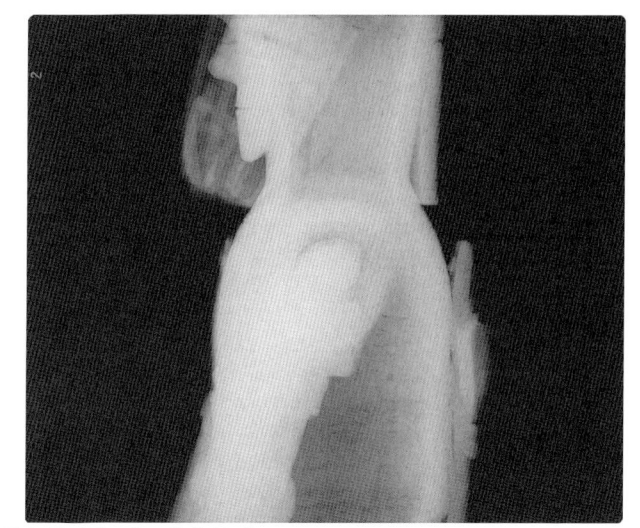

X線透過撮影画像（左：胸部斜正面、右：胸部側面）

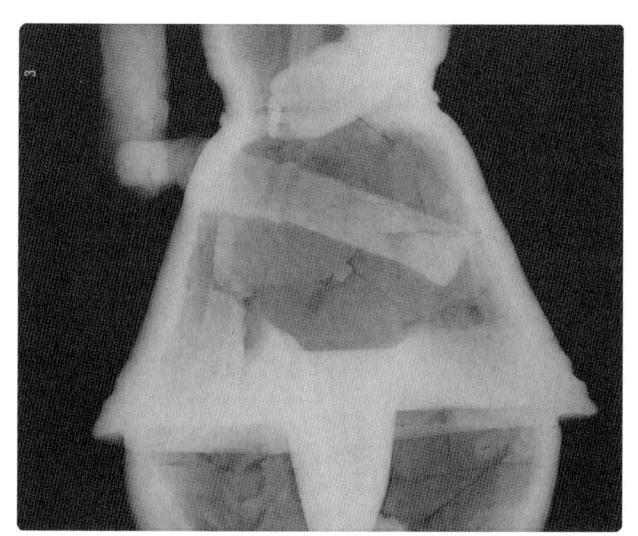

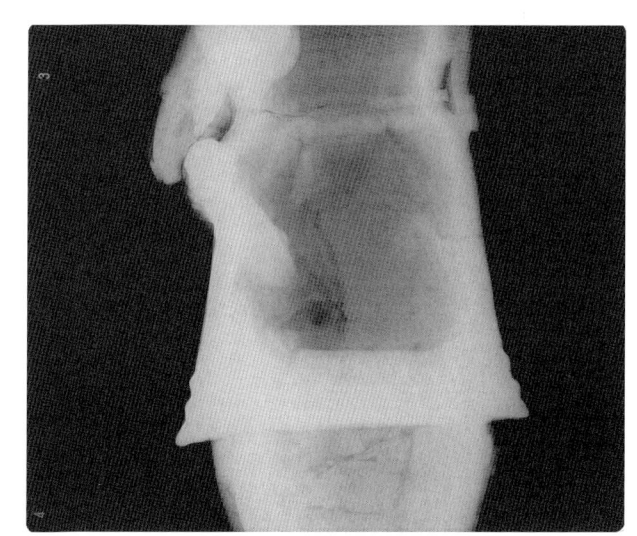

X線透過撮影画像（左：腰部斜正面、右：腰部側面）

PL 38

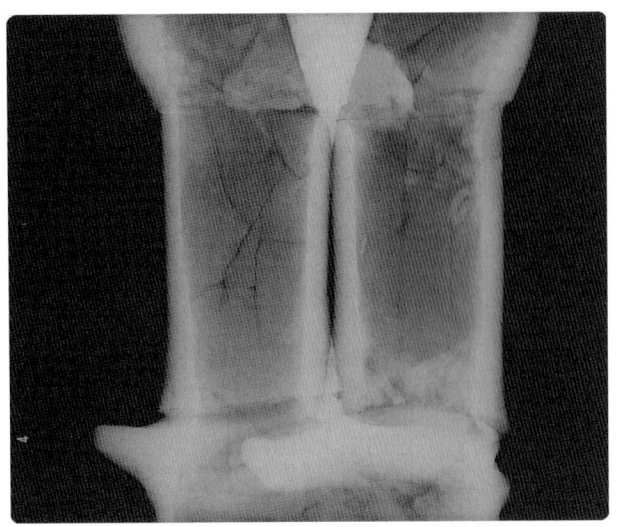

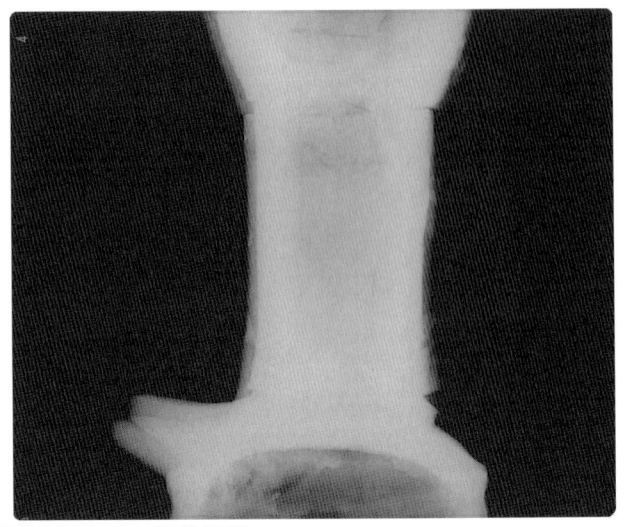

X線透過撮影画像（左：脚部斜正面、右：脚部側面）

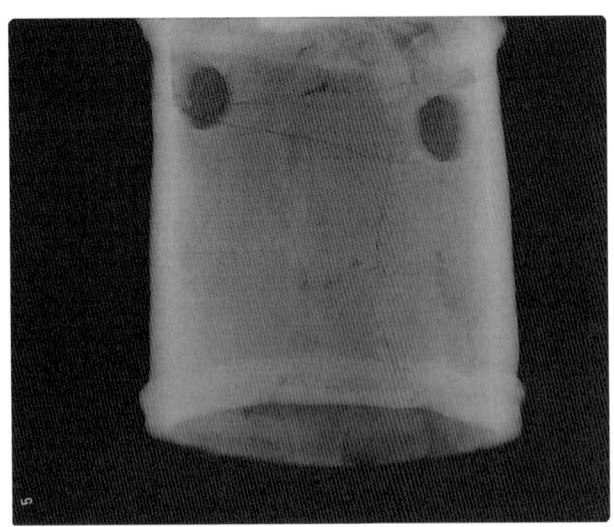

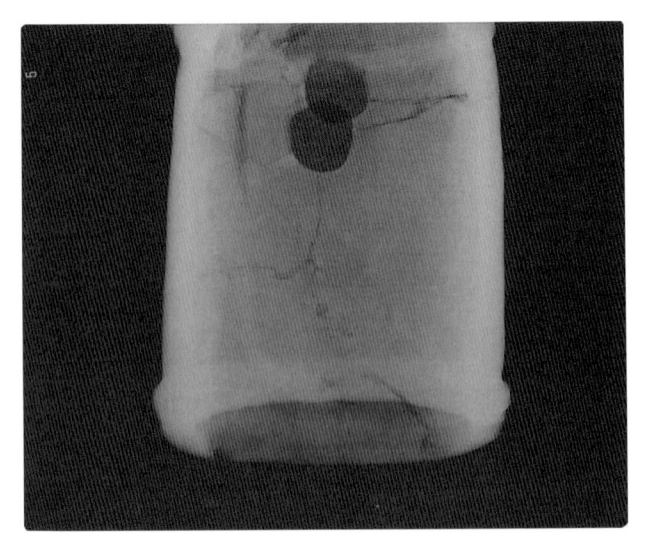

X線透過撮影画像（左：器台部斜正面、右：器台部側面）

東京国立博物館所蔵 重要考古資料学術調査報告書
国宝 埴輪 挂甲武人　重要文化財 埴輪 盛装女子　附 埴輪 盛装男子

2015年4月30日発行

編　集　東京国立博物館
発行者　山 脇 洋 亮
印　刷　亜細亜印刷㈱
製　本　神 保 製 本 ㈱

発行所　東京都千代田区飯田橋　㈱同 成 社
　　　　4-4-8 東京中央ビル内
　　　　TEL 03-3239-1467　振替 00140-0-20618

© Tokyo National Museum 2015, Printed in Japan
ISBN978-4-88621-698-4　C3021